Heidy Molinari
Der Goldschmied und die Schneiderin
Lebensgeschichten

Originalausgabe 2015
Copyright © 2015: IL-Verlag
Copyright © 2015: Heidy Molinari
Umschlagbild: Archiv, Molinari
Lektorat: Vre Vanek, IL-Verlag
Umschlaggestaltung: Heidi Gonser, IL-Verlag
Satz: IL-Verlag
ISBN: 978-3-906240-22-0

Heidy Molinari

Der Goldschmied und die Schneiderin

Lebensgeschichten

*Nicht was wir gelebt haben, ist das Leben,
sondern das, was wir erinnern und wie wir es erinnern,
um davon zu erzählen.*

Gabriel Garcia Marquez

Für Claudine und Michel

DIE ANZEIGE

Am Geräusch des Motorrads erkenne ich die Ankunft des Postboten, danach klappert der Metalldeckel des Briefkastens.

Zwischen ein paar Werbebroschüren und einigen Rechnungen liegt die Anzeige, die meine Schwester gestern Abend zur Post gebracht hat. Einen Moment halte ich inne, bevor ich den Umschlag öffne. Anstelle der üblichen schwarzen Linie sind im Hintergrund zarte hellbeige Blätter sichtbar, als wolle die Mitteilung auf diesen filigranen Konturen den Schmerz über den Verlust der Verstorbenen etwas mildern: *Liebevoll begleitet von ihrer Familie durfte sie heute nach kurzem Leiden friedlich einschlafen.* Darunter viele Namen.

Habe ich meine Mutter oft genug besucht? Habe ich ihr genügend Zuwendung geschenkt? Diese Fragen gehen mir als erstes durch den Kopf.

«So, kommst du auch wieder einmal?», pflegte sie zu sagen, sobald ich im Altersheim den Kopf in ihr Zimmer streckte – obwohl sie fast täglich Besuch bekam.

Mit dem Rollator unternahmen wir gemeinsame Spaziergänge. Später mit dem Rollstuhl. An kühlen Tagen dauerte es eine Ewigkeit, bis Mantel, Schal, Handschuhe, Mütze und die vom Orthopäden speziell angefertigten Schuhe mit dem hohen Schaft angezogen und zugeschnürt waren. An dieses Zeitlupentempo musste ich mich erst gewöhnen. Nachdem sie sich vergewissert hatte, dass alles am richtigen Ort sass, schoben wir zusammen los. Meistens in Richtung Kannenfeldpark. In diesem gewohnten Umfeld fühlte sich Mutter wohl.

Sobald die Krokusse ihre stolzen Köpfe aus der Erde streckten und uns den nahenden Frühling ankündigten, beobachteten wir die zarten Knospen an Bäumen und Pflanzen, schauten den Kindern beim Ballspiel zu, am Sandkasten, bei der Rutschbahn ... Ab und zu liess sich ein Schwarm junger Spatzen mit lautem Gezwitscher auf einem Busch nieder, ein paar Amseln hüpften aufgeregt auf der Wiese umher.

Wenn die Rosen blühten, verweilten wir stets eine Weile bei der Bank hinter dem Schachspiel mit den grossen Figuren. Wir genossen den Anblick der leuchtend roten Farben und atmeten den süsslichen Duft ein, den die Beete verströmten.

Mit diesen Bildern vor Augen, lege ich die Anzeige auf den Tisch. Und dann wird mir bewusst, dass der vertraute Ort, wo ich jederzeit hingehen konnte, nicht mehr vorhanden ist. Endgültig.

DER GRAUE CITROËN

Das schmiedeiserne Gartentor ist, wie üblich, angelehnt; seit langem schliesst es nicht mehr richtig. Ein weisser Schmetterling wirbelt aufgeregt um den Sommerflieder und der blaue Hibiskusstrauch zeigt sich in seinem schönsten Kleid. Auf der Gartenmauer liegen ein paar abgefallene Blüten – dort wo ich früher so oft gesessen habe, mit meinen Schwestern und den Kindern aus der Nachbarschaft. Die Mauer war unser Treffpunkt, die Strasse der Spielplatz. Mit den ersten Sonnenstrahlen schwärmten wir im Frühling aus den Häusern. Velos, Trottinette, Rollschuhe und Stelzen wurden aus den Kellern geholt und rasch von allfälligen Spinnweben befreit. Als Springseil diente uns ein Stück Wäscheleine, das kräftig geschwungen wurde und bei jeder Drehung auf dem Strassenpflaster zünftig aufschlug: schnell, immer schneller ... bis zum «Pfeffer»! Mit den Stelzen, die jedes Jahr eine Stufe höher gestellt wurden, staksten wir wie die Giraffen hintereinander her und mit den Rollschuhen sausten wir um die Wette: mit Volldampf den Wasenboden hinunter, bis zum Kehrplatz und zurück.

Völkerball war eines unserer beliebtesten Spiele, dabei ging es manchmal recht laut zu. Ab und zu wurde in der Nachbarschaft ein Fenster geöffnet und eine genervte Stimme rief laut und deutlich: RUHE! Wir erschraken jedes Mal heftig und hielten einen Moment inne – aber dann spielten wir weiter.

Sobald wir das vertraute Motorengeräusch des grauen Citroëns von Herrn Doktor Grieder vernahmen, sprangen wir zur Seite und setzten uns in einer Reihe auf die Mauer. Gespannt warteten wir, bis er mit seinem Wagen um die Ecke bog, den Blick stets aufmerksam auf die Strasse gerichtet und den rechten Fuss in Bremsbereitschaft, um uns Kindern allenfalls rechtzeitig auszuweichen.

Herr Doktor Grieder sass aufrecht hinter dem Steuer; in seinem hellgrauen Anzug, dem Bärtchen und den ergrauten Haaren, sah er ebenso vornehm aus wie sein edler Oldtimer. Er näherte sich jeweils im Schritttempo und sobald er auf unserer Höhe angelangt war, blickte er mit strahlenden Augen zu uns hinüber und nickte uns freundlich lächelnd zu. Dann entfernte er sich langsam und wir schauten dem Auto nach, bis es verschwunden war – das einzige Auto in unserer Strasse.

Erste von links Heidi, dritte von links Schwester Vreni

LENZGASSE

Die Idee, den Anwohnern der Lenzgasse einen Brief zu schreiben, kommt mir frühmorgens beim Erwachen. Ein paar Tage später stehe ich mit einem ganzen Stapel in der Hand dort und beginne, die Briefe zu verteilen, dabei wundere ich mich, wie unterschiedlich die Vorgärten gestaltet sind. Vieles ist mir noch gar nie aufgefallen; zum Beispiel das Trampolin und die Hundehütten. In einem Garten steht eine Vespa, die mich an nächtliche Spritzfahrten, lauen Wind und flatternde Haare erinnert. Verschiedene Palmen vermitteln ein südliches Flair, rufen Bilder wach von Sonne, Meer und Dolce Vita. Thronte nicht einst sogar ein Schwimmbad auf einem Garagendach?

Bei einem Steingarten werden hingegen Erinnerungen wach an mühsame Aufstiege mit schweissnassem Rücken und Blasen an den Füssen. Von welcher Gegend die Steine wohl stammen? Ob ein paar davon im Rucksack mitgeschleppt wurden?

Jetzt huscht eine Tigerkatze über die Strasse und verschwindet hinter einem Busch im gegenüberliegenden Garten, wo der Buchsbaumzünsler ein trauriges Gerippe hinterlassen hat.

»Welcome« steht auf einem blumenbemalten Holzschild über dem Eingang. Solche Schilder wirken auf mich sehr einladend und ich frage mich stets, wie es wäre, wenn ich auf die Klingel drücken würde, jemand würde die Tür öffnen und ich würde sagen: «Hallo, darf ich kurz reinkommen, auf einen Kaffee oder eine Tasse Tee? – um ein bisschen mit Ihnen zu plaudern?»

Ein Anwohner nähert sich mit dem Velo. Beim Vorbeifahren grüsst er freundlich – danach spür ich seinen Blick auf meinem Rücken. Plötzlich kehrt er um und hält vor mir an. «Suchen Sie jemanden, der hier wohnt?», fragt er interessiert. «Ich habe selber lange Zeit hier gewohnt», gebe ich zur Antwort, worauf er mich erstaunt anblickt – offenbar erinnert er sich nicht mehr an unsere früheren Begegnungen. «Wo denn?», erkundigt er sich. Mit der rechten Hand deute ich in die Richtung unseres Hauses, dabei habe ich den Eindruck, er wüsste gerne den Grund meiner Anwesenheit. Vermutlich ist ihm aufgefallen, dass dort in letzter Zeit nicht mehr dieselben Personen ein- und ausgehen. Näheres wird er erfahren, sobald er seinen Briefkasten öffnet.

Vor dem nächsten Haus bleibe ich verwundert einen Moment stehen und betrachte die lebensgrosse Figur eines Kochs, der mit einer einladenden Geste zur Haustür weist. Ich stelle mir vor, welch herrliche Gerichte hier in der Küche zubereitet werden ... Bevor mein Magen zu knurren beginnt, gehe ich weiter, von Haus zu Haus, vorbei an erfrischend grünem Farn, gelben Lilien, Margeriten und Hortensien, bis alle Briefe verteilt sind.

Am folgenden Tag erhalte ich einige Anrufe und der erste Termin für eine Hausbesichtigung wird fixiert.

DER HAUSSCHLÜSSEL

Nach der Bushaltestelle beim Kannenfeldplatz fahre ich an den Hochhäusern vorbei, wo früher eine sehr grosse schlanke Frau wohnte, die in kerzengerader Haltung täglich ihren kleinen Hund spazieren führte. Mit ihrem dunklen krausen Haar, das sie – entsprechend ihrem Wohnhaus – hoch aufgetürmt hatte, sah sie ihrem schwarzen Pudel verblüffend ähnlich. Ich fahre weiter, vorbei am Gebäude der *Fahnenfabrik Tschudin*, beim *Café Park* biege ich in die Lenzgasse ein.

Es scheint fast aussichtslos, einen Parkplatz zu finden. Nach der dritten erfolglosen Runde gebe ich langsam die Hoffnung auf. Dennoch entschliesse ich mich, einen Moment zu warten. Die Autos stehen dicht hintereinander, und ausgerechnet an diesem heissen Sommertag ist keine einzige Lücke auszumachen. Seit Langem ist hier das Geschrei spielender Kinder auf der Strasse verstummt – dafür herrscht jetzt umso mehr Verkehrslärm.

Inzwischen ist das Aussenthermometer auf 30 Grad angestiegen, und der Kühlungseffekt meiner Klimaanlage hält bei abgestelltem Motor nicht lange an. Ich blicke auf die Uhr. Es ist bereits kurz vor fünf und die Zeit drängt, nur noch wenige Minuten bleiben bis zu unserer Verabredung.

Endlich bewegt sich etwas. Eine Haustür wird geöffnet und ein Mann tritt heraus. Er eilt zu seinem dunkelgrauen Sportwagen, steigt ein und braust davon. Rasch fahre ich hin und parkiere meinen hellblauen Peugeot. Bevor ich aussteige, greife ich nochmals ins Seitenfach meiner Handtasche, um mich zu vergewissern, dass die Schlüssel vorhanden sind. Angenehm kühl fühlt sich das Metall in meiner Handfläche an; ich betaste die abgerundete Form des Hausschlüssels und die kleinen Zacken des Schlüssels der Wohnungstür, auf beiden hat sich über die Jahre eine Patina angesetzt.

Während ich auf mein Elternhaus zugehe, halte ich den Hausschlüssel in der Hand. Erneut schaue ich ihn an, fahre mit den Fingern über die Patina – da kommt er mir plötzlich sehr kostbar vor, wie eine wertvolle Antiquität: ein Schlüssel zu tausend Geschichten.

Auf dem Weg zur Haustür knirscht der Kies unter meinen Schuhsohlen und mit jedem Schritt spicken ein paar Kieselsteine auf die seitlichen Granitplatten. Es wird vermutlich noch Jahre dauern, bis sich die dicke Kiesschicht gesetzt hat.

Meine Schwester Marianne steht vor dem Hauseingang und beantwortet bereits erste Fragen der Kaufinteressenten. Jetzt lassen wir sie eintreten und führen sie zuerst in den obersten Stock zu den Mansarden. Das hinterste Zimmer war einst das Refugium meiner ältesten Schwester. Nachdem wir jahrelang zu dritt im selben Raum geschlafen hatten, durfte Vreni dort oben ihr eigenes Reich beziehen. Das Zimmer verfügt über einen separaten abschliessbaren Raum und übte deshalb einen besonderen Reiz auf mich aus. Dieses Kämmerlein war mein liebstes Versteck. Oft harrte ich dort lange im Dunkeln aus, bis mich meine

Schwestern fanden. Der alte Holzschrank, wo meine Eltern einen Teil ihrer Kleider verstaut hatten, steht immer noch dort – derselbe Schrank, in dem meine Mutter einst ihre Liebesbriefe versteckte, welche die Grossmutter gefunden und gelesen hat ...

Einmal bin ich in diesen Schrank gestiegen und habe die Tür von innen zugezogen. Auf dem Schrankboden lag eine Wolldecke, in die ich mich kuschelte und lange in dieser Stellung verharrte, obwohl mir der Geruch von Naphthalin unangenehm in die Nase stieg. Mit Genugtuung hörte ich immer wieder meinen Namen rufen, aber ich verhielt mich mäuschenstill.

Während mir diese Gedanken durch den Kopf gehen, hat sich die potenzielle Käuferschaft bereits in den anderen Mansardenzimmern umgesehen. Ein Herr mittleren Alters, mit dunklem Anzug und Krawatte, ist mit seinem Handy eifrig am Fotografieren. Seine Partnerin hat die Brille aufgesetzt und tippt fleissig Zahlen in ihren Taschenrechner ein.

Ein junger Mann in Jeans, T-Shirt und Turnschuhen steht bei der Holztreppe, die zum oberen Estrich führt. Er will das Dach aus der Nähe begutachten und erkundigt sich, ob dort ein Fenster eingebaut werden könne. Auch er zückt jetzt sein Handy und fotografiert jeden Winkel.

Bevor wir die weiteren Räume besichtigen, hat die Dame bereits ausgerechnet, dass das Haus zu wenig Rendite abwirft und der junge Mann will es sich noch überlegen.

DIE HIOBSBOTSCHAFT

Die Hiobsbotschaft traf meine Mutter damals völlig überraschend. Das tägliche Rechnen und Fiebermessen während der vergangenen Monate war umsonst gewesen; die Ogino Knaus Methode hatte kläglich versagt und andere Verhütungsmethoden kamen für eine strenggläubige Katholikin nicht in Frage. So wurde sie bereits zum dritten Mal in drei Jahren schwanger.

In den Nachbarländern war der Krieg noch in vollem Gange und Lebensmittel wurden knapp. Die meisten Nahrungsmittel waren bereits seit längerer Zeit rationiert; Einkäufe konnten nur noch mit Coupons getätigt werden, die nach einem speziellen Punktesystem jeder Person zugeteilt wurden.

Es entwickelte sich daher ein regelrechtes Anbaufieber. Sport- und Spielplätze wurden in Ackerland umgewandelt. Die Spielwiese der Schützenmatte wurde zum Kartoffelfeld. In Hinterhöfen, Vorgärten, auf öffentlichen Plätzen – sogar im Kreuzgang des Münsters! – wurde Gemüse angebaut. Viele Firmen forderten ihre Angestellten zur Mithilfe bei der Ernte auf. Mutters Schwester Ruth, damals als Sekretärin bei der Firma *Danzas* tätig, arbeitete am Samstag auf dem Kartoffelfeld, und ihre jüngste Schwester Margrit musste als Pfadfinderin auf dem Feld gegenüber dem Bethesdaspital zum Bohnenpflücken antreten. Aber nicht nur Nahrungsmittel, auch Seife und Waschmittel waren rationiert und Kohle wurde zusehends Mangelware.

In jener Zeit häuften sich die Bombenalarme in unserer Stadt, sodass meine Mutter immer öfters mit ihren beiden kleinen Kindern im Keller Schutz suchte. Und da mein Vater Militärdienst leistete, musste sie zu Hause alles alleine bewerkstelligen. Diese Umstände zehrten an ihren Kräften. Ausserdem machte sie sich Sorgen wegen der Wohnung, die für eine fünfköpfige Familie eindeutig zu klein war.

Ein Umzug in ihr Elternhaus brachte die Rettung!

Aber trotz der tatkräftigen Hilfe ihrer Mutter, blieb neben der täglichen Hausarbeit, dem Windelnwaschen, Brei und Schoppen zubereiten, wenig Zeit zum Nachdenken.

Als die Geburt des dritten Kindes immer näher rückte, hatten sich meine Eltern noch keine Gedanken über den Namen für ihren jüngsten Nachwuchs gemacht. Ein spontaner Einfall war Lotti, falls es wieder ein Mädchen sein sollte. Meine Grossmutter war empört: «Habt ihr denn nicht bedacht, dass das Pferd der Gemüsefrau, die zweimal wöchentlich aus dem Elsass kommt, Lotti heisst? Ihr könnt eurem Kind unmöglich denselben Namen geben!»

Am frühen Morgen des 7. Juli 1944 läutete bei Schwester Hoffmann in Allschwil das Telefon. Bereits wenige Minuten später schnallte sie ihren Hebammenkoffer auf den Gepäckträger ihres Velos und radelte nach Basel. Zum Glück war die Temperatur in der Nacht ein wenig gesunken, ein angenehm frisches Lüftchen umspielte ihr Gesicht. Während der Fahrt ging ihr nochmals die schwierige Geburt vor ein paar Tagen durch den Kopf: Das Baby befand sich in Steisslage! Als erfahrene Hebamme konnte sie jedoch das

Kind ohne ärztliche Hilfe entbinden und einen gesunden Jungen in die Arme der glücklichen Mutter legen.

Bei der Ankunft an der Lenzgasse herrschte grosse Aufregung im ganzen Haus, sogar die beiden Kleinen, Marianne und Vreni, waren wach geworden und mussten beruhigt werden.

Schwester Hoffmann desinfizierte sorgfältig ihre Hände und breitete frische Tücher aus. Auf die Kommode, neben Mutters Bett, legte sie die nötigen Utensilien für die Geburt bereit: eine Schale mit warmem Wasser, eine Schere für einen eventuellen Dammschnitt, die Nabelschnurklemme, das Stethoskop zum Abhören der Herztöne und eine Schale für die Plazenta.

Mit ihren kräftigen Händen stützte sie den Körper der Gebärenden, deren Wehen immer heftiger wurden. Geduldig wischte sie ihr den Schweiss von der Stirn und sprach ihr Mut zu.

Um 10 Uhr 10 erblickte ich das Licht der Welt und wurde ein paar Wochen später auf den Namen Heidi getauft.

Von links: Marianne, Heidi, Vreni

BOMBEN ÜBER BASEL

Ein Flak-Blindgänger in unmittelbarer Nähe der Lenzgasse durchschlug mit lautem Knall das Dach eines Hauses sowie den Plafond der Wohnung im zweiten Stock. Zum Glück war in diesem Moment niemand zu Hause.

Am selben Tag heulten die Alarmsirenen mehrere Male. Ein amerikanischer Bomber mit einer zehnköpfigen Besatzung landete auf dem Sternenhof; sie gehörte einem Kampfverband an, der ein süddeutsches Gebiet angegriffen hatte und anschliessend in Luftangriffe verwickelt wurde. Einige Besatzungsmitglieder waren verletzt und mussten ins Spital gebracht werden.

Als Folge zahlreicher Grenzverletzungen hat der Bundesrat empfohlen, auf Dächern wichtiger Gebäude grosse Schweizerkreuze zu malen. Ebenfalls wurde der Bevölkerung geraten, bei ihren Häusern die Schweizerfahne zu hissen oder auf sichtbare Flächen zu legen. Die Hausbesitzer waren bereits seit längerem angewiesen, ihre Häuser zu verdunkeln. Nach Einbruch der Dunkelheit mussten sämtliche Läden geschlossen und allfällige Spalten mit Papier oder Tüchern abgedeckt werden.

Meine Grossmutter war beauftragt nachzusehen, ob in den umliegenden Häusern kein Lichtstrahl nach aussen drang. Bei jedem Bombenalarm rannte sie auf die Strasse und ihre Töchter warteten voller Sorge, bis sie wieder unversehrt ins Haus zurückkam. Basel wurde nachts während mehrerer Jahre zur Geisterstadt. Aber trotz dieser Massnahmen wurden immer wieder irrtümlicherweise Bomben abgeworfen.

Das Mass ist voll, stand am 5. März 1945 im Morgenblatt der *Basler Nachrichten*. Zahlreiche Spreng- und Brandbomben fielen auf Basel und Zürich. Neben grossem Sachschaden gab es mehrere Verletzte und Tote. Allein im Gundeldingerquartier wurden 14 Brände registriert.

In der Nähe des Wolfbahnhofes wurde ein voll besetzter Personenzug von einer herabstürzenden Phosphorbombe getroffen, worauf einer der Züge in Flammen stand. Er stoppte fast augenblicklich und die Passagiere verliessen den Wagen fluchtartig. Eine Person wurde ernsthaft verletzt, weitere Zugsinsassen erlitten leichte Verletzungen. Im Areal des Wolfbahnhofes haben die Bomben grossen Schaden angerichtet.

Am 5. Mai 1945 wurde die Kapitulation aller deutschen Streitkräfte in Nordwestdeutschland, Dänemark und Holland bekannt gegeben.

Mit grosser Erleichterung, Freude und Dankbarkeit feierte Basel am 8. Mai 1945 das Kriegsende. An jenem strahlend schönen Tag war die Stadt mit unzähligen Flaggen geschmückt. Am Abend besammelte sich die Bevölkerung auf dem Marktplatz, wo die offizielle Feier stattfand. Eine unübersehbare Menschenmenge nahm an der Friedenskundgebung teil.

Nach Ansprachen der Honoratioren und Beiträgen verschiedener Musikvereine, trat zum Abschluss der Feier ein Mädchen auf den Balkon des Rathauses, aus dessen Händen zwei weisse Friedenstauben flogen. Unmittelbar danach flatterten Hunderte von Tauben mit ihren Botschaften an General und Armee aus dem dunklen Rathaushof in den lichten Maienhimmel. Aus tausenden Kehlen hallte die Landeshymne über den Platz und kurz danach ertönten feierlich die Kirchenglocken im ganzen Land.

DER MASKENBALL

Die meisten Schränke im Estrich sind jetzt leer geräumt. Die Kleider meiner Mutter stopfen wir in Plastiksäcke und stellen sie für die nächste Textilabfuhr bereit. Ob noch das eine oder andere Stück von einer Bäuerin in den Bergen getragen wird? Oder werden die Kleider auf einem Basar in einem fernen Land zum Verkauf angeboten?

Das Prunkstück ist ein altes Ballkleid aus leuchtend blauem Satinstoff, das meine Grossmutter einst angefertigt hatte. Eine Ewigkeit hing es dort oben, ohne dass es jemand getragen hätte. Für uns drei Mädchen waren diese Schränke die reinste Fundgrube, in denen wir gerne herumwühlten und ab und zu ein Kleid anprobierten. Auch Damen- und Herrenhüte waren auf einem Regal nebeneinandergereiht, manchmal setzten wir einen auf den Kopf und bewunderten uns damit im Spiegel. Ein dunkelroter Hut mit einem Schleier hatte es mir besonders angetan.

Die Kleider dienten uns auch als Kostüme an der Fasnacht. Allerdings waren sie viel zu lang, aber unsere Mutter raffte sie an der Taille zusammen und befestigte sie mit einem Gürtel, damit wir nicht dauernd auf den Rocksaum traten.

Natürlich trug ich dazu meinen Lieblingshut und bettelte so lange, bis mir Mutter ein Paar Schuhe mit Absätzen lieh. Zu dritt zogen wir am Fasnachtsmontag als alte Tanten los.

Meine beiden Schwestern, Vreni und Marianne, gingen voran und ich stolperte in meinen Stöckelschuhen tak, tak, tak ... hinterher. Bei einigen Nachbarn läuteten wir an der Tür. Sobald jemand öffnete, zog ich meinen Schleier noch etwas tiefer ins Gesicht und passte auf, dass ich auf meinen Absätzen nicht einknickte. Jedes Mal wiederholten wir denselben Spruch: «Gäll du kennsch mi nit!» Dann griffen wir in unser Netzli, übergaben eine Orange, in der Hoffnung, im Gegenzug ein paar Süssigkeiten zu erhalten. Der Höhepunkt stand uns aber noch bevor. Im letzten Haus der Lenzgasse, bei der Familie Lienhard, erwartete uns das Schlaraffenland.

Mutter Lienhard trug meistens ein dunkles Kleid und hatte eine weisse Schürze um ihren rundlichen Körper gebunden. Sie freute sich über unseren Besuch und führte uns gleich in die Stube, wo ein riesiger Korb voller frisch gebackener Schenkeli und fein duftender Fasnachtsküchlein stand. «Nehmt soviel ihr wollt!», sagte sie einladend, und wir schlugen uns die Bäuche voll.

Mit meiner Verkleidung war ich eigentlich ganz zufrieden, bis zu jenem Tag, als ich von meiner Freundin an einen Maskenball eingeladen wurde. Zusammen mit ihrer Mutter gingen wir zur Mustermesse. Bei unserer Ankunft waren bereits hunderte Kinder in einem grossen Saal versammelt. Die meisten von ihnen trugen schöne Kostüme, auch meine Freundin sah sehr hübsch aus in ihrem Zigeunerkleid mit dem farbigen Federschmuck. Da kam mir meine Verkleidung plötzlich etwas unpassend vor, und als im Laufe des Nachmittags eine Prämierung stattfand, habe ich mich ein wenig geniert in meiner Aufmachung. Ein hübsches Mädchen mit langen blonden Haaren in einem wunderschönen Prinzessinnenkleid erhielt den Ersten Preis.

DAS KLASSENFOTO

An einem Metallhaken hängen die Schlüssel der einzelnen Estrichabteile. Ich werfe einen Blick zwischen die Holzlatten, bevor ich mit einem knarrenden Geräusch das Türschloss unseres Abteils öffne. Hinter einem alten Überseekoffer steht eine Truhe mit Messingbeschlägen. Ich wische den Staub ab und öffne sie. Lauter Bücher kommen zum Vorschein und einige Fotoalben. Die meisten Bücher stammen noch aus der Zeit, als unsere Eltern ein Jahresabonnement bei der NSB hatten. Wer kannte sie nicht, die *Neue Schweizer Bibliothek*! Wie bei einem Modeversandhaus wurden die Bücher im Katalog ausgewählt. Im Vergleich zu heute, gab es damals nur wenige Buchhandlungen, daher fand die NSB eine grosse Anhängerschaft: In der Deutschen Schweiz zählte sie etwa 200'000 Personen zu ihren Abonnenten.

Mich interessieren die Fotoalben. Da ich keinen Stuhl auftreiben kann, setze ich mich kurzerhand auf die Truhe, nehme ein Album in die Hand und schlage es auf. Eine Aufnahme in Postkartengrösse zeigt meine ehemaligen Schulkameradinnen der vierten Primarklasse. Nicht immer waren wir so ruhig und brav wie auf diesem Bild. Wenn der schrille Ton der Schulhausglocke punkt 11 Uhr 45 ertönte, schreckten wir von unseren Arbeiten hoch und ein freudiges Raunen ging durch die Klasse. Bei schriftlichen Prüfungen versuchten wir noch rasch einen Blick auf das Blatt unserer Pultnachbarin zu werfen, bevor wir die Arbeiten der Lehrerin abgaben. Hastig schmissen wir Hefte und Etuis in den Schulsack und rannten laut kreischend die Treppe hinunter, dem Ausgang entgegen. Von dieser Lebendigkeit ist auf dem Klassenfoto nichts zu erkennen.

Bei genauerem Hinsehen stelle ich fest, dass ich als eine der wenigen Schülerinnen eine Schürze trage. Sofort schweift mein Blick zu den Ellbogen. Ärmelschoner entdecke ich aber keine, vermutlich haben wir sie vor der Aufnahme abgestreift. Die «Überärmel» dienten zum Schutz der handgestrickten Pullover und wurden von vielen Kindern während des Schulunterrichts getragen.

Die Kleinsten der Klasse sitzen auf der vordersten Bank, ihre Hände ruhen auf dem Schoss. Die meisten Kinder tragen kurze Socken und solides Schuhwerk; nur Esthi, das zierliche blonde Mädchen in der Mitte, trägt weisse Strümpfe und ein hübsches Kleid, dessen Kragen und Knöpfe vom selben Stoff angefertigt sind, wie der Faltenrock mit dem Schottenmuster.

Die mittelgrossen Schülerinnen – zu denen auch ich gehörte – stehen in der zweiten Reihe. Beatrice, mit dem runden Gesicht und der Brille, sieht aus wie eine Professorin; sie war die Intelligenteste unserer Klasse. «Die wird es einmal leicht haben im Leben!», hat unsere Lehrerin gesagt. Da habe ich mich gefragt, ob ich es schwer haben werde, da ich nicht zu den Ersten gehörte. «Ob es fürs Gymnasium reicht?», wollte ich von ihr wissen. «Schon, aber dafür müsstest du viel arbeiten!»

In der gleichen Reihe steht Nancy, die Amerikanerin mit den langen dunklen Haaren und dem Engelgesicht, die ich bewunderte und deren fremdländischer Akzent mir sehr gefiel.

Die grossen Mädchen in der hintersten Reihe haben zum Teil ein reifes Aussehen, als würden sie schon demnächst die Schule verlassen.

Das Mädchen mit den langen geflochtenen Zöpfen, die bis zum Gesäss reichen, erinnert mich an eine Schulkameradin meiner Schwester, die ihr Haar nicht schneiden durfte, weil ihre Eltern einer Sekte angehörten, die das nicht erlaubte. Alle hatten grosses Mitleid mit ihr und da sie sich so sehr eine Kurzhaarfrisur wünschte, haben die Klassenkameradinnen beschlossen, ihr einmal nachts, während eines Schullagers, die Zöpfe abzuschneiden.

Heidi: Mittlere Reihe dritte von rechts

WEISSER SONNTAG

In einem weiteren Album entdecke ich ein paar Bilder von meiner Erstkommunion. Wochenlang hat uns Schwester Bathilde im Religionsunterricht auf diesen wichtigen Tag vorbereitet. Die fröhliche Nonne aus dem Waisenhaus mit ihrer schlichten Schwesterntracht hatten wir alle sehr lieb. Der weisse Rand ihrer Haube, der ihr strahlendes Gesicht umrahmte, kam mir vor wie ein Heiligenschein. Allerdings erzählte uns Schwester Bathilde die erstaunlichsten Geschichten, die mir oft tagelang im Kopf herumschwirrten.

Von Wundern hat sie gesprochen, die Jesus vollbracht hatte. Er konnte Wasser in Wein verwandeln und Fische vermehren. Besonders fasziniert hat mich stets die Vorstellung, wie Jesus ohne Unterzutauchen übers Wasser schritt. Auch Moses hatte Erstaunliches vollbracht. Mit einem Zauberstab konnte er sogar das Meer teilen!

Viel Spannendes über das Leben von Heiligen und Märtyrern hat Schwester Bathilde geschildert. Und von Erscheinungen hat sie uns erzählt. Davor hatte ich Angst. «Was soll ich bloss machen, wenn mir nachts jemand erscheint?», fragte ich meine Mutter besorgt. «Du kannst dich bekreuzigen», riet sie mir, «und fragen: Im Namen Gottes, was willst du von mir?»

Danach habe ich jeden Abend vor dem Einschlafen ein Stossgebet zum Himmel geschickt und den lieben Gott gebeten, er möge dafür sorgen, dass mir keine Geister erscheinen. Niemals!

Grosse Mühe hatte ich auch mit der Vorstellung, bei der Kommunion den lebendigen Leib des Herrn in Form einer Hostie zu empfangen. Aber Schwester Bathilde hatte für alles eine Erklärung: Sie erzählte uns von einem Mann, der nicht an die Verwandlung von Brot und Wein glaubte. Trotzig habe er die Hostie in die Hand genommen und damit die Kirche verlassen. Vor dem Eingang habe er sie an die Wand genagelt und dann mit Entsetzen gesehen, wie aus der Hostie Blut tropfte. Wir waren alle tief beeindruckt von der Schilderung dieses Vorfalls.

Vor dem Weissen Sonntag mussten wir zur Beichte gehen, damit wir den Leib des Herrn mit reiner Seele empfangen konnten. Endlich war es soweit. Im schneeweissen Kleid und mit einem weissen Blütenkranz im Haar schritt ich, inmitten einer langen Reihe Erstkommunikanten, feierlich zum Altar, wo mir der Priester die Hostie auf die Zunge legte und ein Kreuzzeichen auf die Stirn zeichnete. Ich war froh, endlich etwas im Mund zu haben, denn vor dem Empfang der Heiligen Kommunion durften wir nichts essen – und die Zeremonie dauerte eine Ewigkeit. Der Priester schritt mit dem Weihrauchfass mehrmals in der Kirche auf und ab; während er es an langen Ketten hin- und herschwenkte, verströmte es einen eigenartigen intensiven Geruch verschiedener Harze, der mir auf den Magen schlug.

Nach Schluss der Heiligen Messe schwebten wir – einer Schar Engel gleich – aus der Kirche, wo wir von einem Blitzlichtgewitter empfangen wurden.

In Begleitung meiner Eltern und Geschwistern, machte ich mich auf den Heimweg. Wie jeden Sonntag wollte ich am Kannenfeldplatz kurz stehen bleiben und auf den nächsten Zug warten. Der Platz war damals noch nicht zubetoniert, und so konnte man gut beobachten, wie die Züge aus dem Elsass angefahren kamen. Laute Pfiffe kündigten ihr Nahen an. Mit Getöse ratterten sie vorbei und bei der Strassburgeralle verschwanden sie wieder unter dem Boden. Mich faszinierte der Rauch, der aus dem Kamin der Lokomotive hochstieg und der sonntags – davon war ich fest überzeugt – weisser war als an den übrigen Tagen.

Zuhause erwartete mich bereits im Treppenhaus ein Blumenmeer; der Fenstersims war mit Vergissmeinnicht übersät und auch der Mittagstisch war festlich mit Blumen geschmückt. Von meinen Eltern erhielt ich ein Halskettchen mit einem goldenen Kreuz und von meiner Patin meine erste Armbanduhr. Eine kleine rechteckige Chromstahluhr, die ich während vieler Jahre getragen habe.

Nur ungern habe ich am Abend mein schönes weisses Kleid ausgezogen und bin überglücklich, mitsamt der Armbanduhr am Handgelenk, ins Bett gesunken.

Weisser Sonntag: Heidi mit Pate und Patin

DER KANNENFELD-GOTTESACKER

Inzwischen ist es Abend geworden und immer noch bin ich in das Album auf meinem Schoss vertieft. Ich erhebe mich kurz, um das Licht einzuschalten, dann blättere ich weiter. Endlich entdecke ich ein paar Spielkameradinnen aus der Lenzgasse. Fröhlich lachend sitzen wir nebeneinander auf der Mauer. Dabei fällt mir auf, dass ein Mädchen fehlt.

Die Nachricht vom völlig unerwarteten Tod einer gleichaltrigen Kameradin, die in unserer Nähe wohnte, schlug bei mir wie ein Blitz ein. Eines Morgens habe ich in der Schule erfahren, dass das Mädchen nach kurzer Krankheit gestorben war. In Gedanken sah ich das Kind tot in seinem Bett liegen. Dicke Tränen kullerten unaufhörlich über meine Wangen. Ich war von dieser Mitteilung so schockiert, dass mich die Lehrerin nach Hause schickte.

Auf dem Heimweg erinnerte ich mich, wie ich noch kurz zuvor mit dem Mädchen gespielt hatte. Sie sass neben mir auf der Mauer, während wir «Taler, Taler, du musst wandern ...» spielten: Das Kind mit dem Taler, der in Wirklichkeit ein Stein war, stellte sich vor die andern Kinder hin und alle mussten – wie beim Beten in der Kirche – die flachen Hände zusammenhalten. Während wir das Lied sangen, fuhr das Kind mit dem Taler ganz behutsam zwischen die gefalteten Hände der Mitspielenden und liess den Stein, möglichst unbemerkt, irgendwann hineingleiten. Danach mussten wir raten, bei wem sich der Taler befand.

An diese zärtlichen Berührungen dachte ich jetzt, während ich still vor mich hin weinte. Zuhause angelangt, wurde ich von einem heftigen Heulkrampf geschüttelt, sodass ich eine Weile gar nicht sprechen konnte. Meine Mutter versuchte mich zu beruhigen, aber es dauerte einige Zeit, bis ich die traurige Nachricht über die Lippen brachte.

Es war nicht das erste Mal, dass wir zu Hause über den Tod sprachen, denn noch wenige Jahre zuvor war der gegenüberliegende Kannenfeldpark ein Friedhof gewesen. Der Kannenfeld-Gottesacker mit seinem wunderbaren Baumbestand und den nierenförmigen Teichen mit den Goldfischen, lud schon damals zum Spazieren ein. Wir versuchten die Namen auf den Grabsteinen zu entziffern und wollten von unserer Mutter wissen, wie alt die Verstorbenen geworden sind. Das mächtige Franzosendenkmal hat uns immer grossen Eindruck gemacht. Dort tönten die Namen ganz anders: Charles, Pierre, Claude, François, Jean, Georges, Baptiste ... *Soldats français morts à Bâle* steht in grossen Lettern darüber. *Deutsch-Französischer Krieg 1870/1871*. Die Steinplatten neben dem Denkmal erinnern an weitere Ereignisse. Auf der linken Seite, unter einem Soldatenhelm mit Palmzweig*: A la mémoire des soldats et victimes civiles 1914 – 1918* und auf der rechten Seite: *Morts pour la France pendant la guerre 1939 – 1945.*

Im Herbst zog jeweils eine Gruppe Männer und Frauen zum Denkmal. Dann hörten wir den Musikkorps aus Saint Louis spielen, der die traditionelle Kranzniederlegung begleitete. Noch heute findet dort alljährlich eine Gedenkfeier statt.

SOPHIE

Einige Fotografien liegen lose in einer Schachtel. Ich greife nach einer Aufnahme, auf der die Schwester meiner Grossmutter abgebildet ist. Sie sitzt alleine auf einem Grashügel in einer mir unbekannten Landschaft. Im Hintergrund Schneeberge, darüber eine weisse Wolke, die wie ein Wattebausch am strahlend blauen Himmel hängt. Meine Tante trägt ein elegantes blaugraues Kleid und dicke weisse Strümpfe. In der Hand hält sie ein Sträusschen Alpenrosen und neben ihr im Gras liegt ein Wanderstock. Ruhig und friedlich wirkt meine quirlige, redselige Tante auf diesem Bild.

Sophie war unsere älteste Grosstante, eine kleine zierliche Frau mit braunen schräggestellten Augen, deren Blick mich stets an einen Bernhardinerhund mahnte. Ihr glattes weisses Haar hatte sie streng nach hinten gekämmt und zu einem satten Knoten zusammengebunden. Werktags arbeitete sie von früh bis spät im Haushalt, wobei sie grossen Wert auf eine gesunde Ernährung legte. Alles wurde in ihrer Küche frisch zubereitet: fleissig wurden Zwiebeln gehackt, Karotten gerüstet, Kartoffeln geschält, Fäden von den Bohnen entfernt und Erbsen aus der Schale gelöst. Wenn Blumenkohl auf dem Menüplan stand, roch ich es bei meinen Besuchen bereits im Treppenhaus. Aus ihrem kleinen Garten, den sie liebevoll pflegte, holte sie täglich frischen Salat, der häufig von ihrer Schildkröte ein wenig angeknabbert war. Der Salatsauce fügte sie reichlich

Knoblauch bei, dessen Geruch mir bei der Begrüssung entgegenwehte.

Der Sonntag war Sophie heilig. Mit ihrer Tochter Elsa, die im Kirchenchor sang und zeitlebens mit ihrer Mutter zusammenwohnte, ging sie regelmässig zur Heiligen Messe. Beide waren sehr fromm. Aus ihren katholischen Zeitschriften, die sie abonniert hatten, kannten sie das Leben sämtlicher Heiligen.

Obwohl sich ihr Leben – nebst der Kirchgemeinde – vorwiegend auf ihre Wohnung an der Colmarerstrasse beschränkte, war meine Tante über vieles erstaunlich gut informiert. Als Schneiderin erfuhr sie während der Anproben von ihren Kundinnen die wichtigsten Neuigkeiten über Gott und die Welt – und den letzten Klatsch über die Nachbarschaft.

Als Sophie, frisch verheiratet, schwanger wurde, brach der erste Weltkrieg aus. Ihr Mann, ein gebürtiger Deutscher, wurde zum Militärdienst in sein Heimatland einberufen und kehrte von dort nie mehr zurück.

Für meine Tante begann eine schwierige Zeit. Um ihren Lebensunterhalt zu verdienen, sass sie oft bis spät in die Nacht an ihrer *Singer* Nähmaschine und fertigte Kleider für ihre betuchte Privatkundschaft an.

Wie alle Schneiderinnen liebte Sophie schöne Stoffe und lobte die elegante, gepflegte Garderobe früherer Zeiten. In prächtigen Roben spazierte sie als junge Frau mit ihrer Schwester Louise und ihren beiden Cousinen am Sonntagnachmittag durchs Hegenheimerquartier.

Für den saloppen Modestil der jungen Generation und die lausige Verarbeitung von Nähten, Säumen oder Knopflöchern an gewissen Konfektionskleidern, hatte sie kein Verständnis. Auch meine Kleider wurden mit kritischen Blicken bedacht. Während sie nach dem Stoff meiner Jeans griff, konnte sie oft die Bemerkung nicht unterlassen: «Trägst du wieder die Arbeiterhose?»

Bis ins hohe Alter traf man Sophie an der Nähmaschine an. Sobald die Maschine aufhörte zu klappern, plapperte ihr Mundwerk im gleichen Rhythmus weiter. Sophie plauderte liebend gerne, meistens erzählte sie Episoden aus ihrem früheren Leben – immer wieder dieselben. Wenn ich ihr gegenüber auf dem Sofa sass, mit der obligaten Tasse *Pionier-Kaffee* in der Hand, zu der sie mir einige Bisquits aus einer viereckigen Kambly Blechbüchse offerierte, fiel mir auf, dass eine Anzahl kleiner brauner Gewächse ihr Gesicht bevölkerte, insbesondere ihre schrägen Augenpartien – und eines davon, das deutlich grösser war als alle andern, haftete wie ein kleiner Pilz an ihrem Kinn.

Nachdem sie mich über die aktuellsten Neuigkeiten der Missionare in Afrika informiert hatte, folgten die Geschichten aus ihrer Vergangenheit. Sie hatte die Fähigkeit, mir das Leben aus früheren Zeiten auf sehr lebendige Art vor Augen zu führen, deshalb faszinierten mich ihre Geschichten immer wieder aufs Neue. Und dafür lohnte es sich auch, zusammen mit ihr eine Tasse *Pionier-Kaffee* zu trinken – obwohl mir ein Espresso lieber gewesen wäre.

Sophie mit Heidi, Marianne und Vreni (von links)

DIE VERSUCHUNG

Etwas wehmütig lege ich die Fotos zurück in die Truhe. Während ich sie ins ehemalige Mansardenzimmer meiner Schwester trage, fällt mir ein, dass ich mich früher einmal an einem Nachmittag auf den Estrich geschlichen und in diesem Zimmer ein wenig umgesehen habe. Auf dem Nachttisch stand eine volle Sparkasse. Überrascht über Vrenis Reichtum, dachte ich, eine Münze mehr oder weniger würde ihr nicht auffallen. Ich ahnte nicht, dass sie regelmässig den Inhalt ihrer Kasse zählte und bald merkte, dass ein Geldstück fehlte.

Ich hüllte mich in tiefes Schweigen, denn die fünfzig Rappen hatte ich bereits in Süssigkeiten umgesetzt.

Wenn bei Mutters Helancastrümpfen eine Masche runterlief, brachte ich sie der Kioskfrau am Kannenfeldplatz zur Reparatur. Während sie mit einem kleinen Apparat die Masche geschickt wieder hochzog, konnte ich mich nicht sattsehen an den roten, grünen und blauen *Sugus*, den *Bazooka Kaugummi*, *Cola-Fröschchen* und insbesondere den leckeren *Tiki-Würfeln*. Nach diesen rosaroten Würfeln war ich richtiggehend süchtig. Wenn ich sie auf der Zunge rieb oder ein Stückchen davon abbiss und genüsslich im Mund zergehen liess, entwickelte sich ein wunderbarer süsssaurer Schaum, der nach Himbeeren roch. Mit fünfzig Rappen konnte ich mehrere solcher Würfel kaufen. Einer nach dem andern landete an jenem Nachmittag in meinem Bauch. Womit ich allerdings nicht gerechnet hatte, war der Effekt, den sie auslösten: Den Rest des Tages verbrachte ich auf dem Klo!

Eine viel schlimmere Strafe folgte später: das schlechte Gewissen!

Davon hatte Schwester Bathilde während der Vorbereitung zum Sakrament der Busse gesprochen. Zuerst hatte sie uns die Zehn Gebote erklärt, danach folgte die Gewissenserforschung: Habe ich die täglichen Gebete verrichtet? Habe ich den Eltern Freude bereitet oder bin ich ungehorsam, frech und trotzig gewesen? Habe ich mit meinen Geschwistern oder anderen Kindern gestritten? Habe ich ihnen Schimpfnamen ausgeteilt? Fragen über Fragen ... Bin ich unschamhaft gewesen im Anschauen, Reden oder Tun? Vermutlich war das der Grund, weshalb Mutter immer darauf achtete, dass wir beim Hinsetzen uns den Rock über die Knie zogen.

Nachdem uns Schwester Bathilde den Unterschied zwischen lässlichen und schweren Sünden erklärt hatte, mussten wir Probebeichten. Auf einem Kissen, am Boden kniend, bekannten wir unsere Sünden: Ungehorsam, Streit, Vergessen der täglichen Gebete ... lauter lässliche Sünden. Aber Diebstahl, das war eine schwere Sünde, die unbedingt gebeichtet, bereut und gebüsst werden musste!

Hatte ich nun eine schwere Sünde begangen? Drohte mir das Fegfeuer? Oder schlimmer noch – die Hölle?

Mit meinen Schwestern ging ich regelmässig zur Beichte in die Antoniuskirche. Wir suchten den Beichtstuhl unseres beliebtesten Priesters aus und knieten auf die entsprechende Bank. Zum Zeichen, dass der Beichtstuhl frei war, knipste der Priester ein Lämpchen an, aber sobald sich beim Eintreten der dunkle Vorhang bewegte, löschte er das Licht. Somit war sein Gesicht hinter dem engmaschigen Gitter nur vage erkennbar – und darüber war ich sehr froh.

Lange hat es gedauert, bis ich mich wagte, meine schwere Sünde zu bekennen. Rasch und undeutlich habe ich sie ausgesprochen, in der Hoffnung, der Priester verstehe mich nicht richtig. Zum Glück hat er mir – ohne nachzufragen! – die Absolution erteilt.

Beim Seitenaltar, vor dem grossen goldenen Madonnamosaik, habe ich die Bussgebete verrichtet: ein paar Vaterunser und Gegrüsst seist du Maria. Danach fiel mir ein grosser Stein vom Herzen und als ich nochmals zum Mosaikbild hochblickte, hatte ich den Eindruck, auch Maria habe mir vergeben.

Monate später platzte Vreni in die Stube herein und rief: «Jetzt weiss ich, wer mir die fünfzig Rappen gestohlen hat!» Mir stockte das Blut in den Adern ... Und dann: «Es war Marianne! Bei ihr hab ich das Geldstück gefunden und sofort wiedererkannt: Auf der Münze steht nämlich mein Jahrgang!»

DIE KOHLENMÄNNER

Vor dem Weggehen werfe ich noch einen Blick in die Wohnung im ersten Stock. Das Zimmer auf der Nordseite, wo die hohen Äste der Tannen bis zum Fenster reichen, war unser Schlafzimmer; ein kalter Schlag ohne Heizung, im Winter zogen wir die Bettdecke bis zur Nasenspitze hoch und froren dennoch. Durch die offene Tür kam etwas Wärme vom Ofen im Vestibül, den wir mit Holz und Kohlen heizten.

Jeden Herbst trugen die Kohlenmänner ihre schweren Säcke in unseren Keller. Den Inhalt leerten sie in ein altes hölzernes Bettgestell; auf der einen Seite die Kohlen und auf der anderen Seite die Briketts. Zuletzt leerten sie einen riesigen Berg Holzscheite auf den Boden. Den ganzen Nachmittag waren wir drei damit beschäftigt, das Holz – Stück für Stück – an der Wand aufzureihen.

Im Winter mussten wir dann abwechslungsweise das Heizmaterial aus dem Keller holen. Ich fürchtete mich jedes Mal, weil die alte Holztreppe so gespenstisch knarrte und an der Decke Spinnweben hafteten. Zudem hatte ich Angst, jemand könnte sich in der dunklen Ecke hinter der Treppe verstecken. Auch den Geruch von Kohlenstaub mochte ich nicht.

«Es ist kein Brennholz mehr da», sagte Vater einmal, während er mir den leeren Korb in die Hand drückte. Dass er keine Widerrede duldete, wusste ich.

Wie üblich knarrte die Treppe beim Hinuntersteigen und es roch nach Kohlenstaub. Kürzlich hatten wir in einem Kellerabteil ein paar angenagte Lebensmittel vorgefunden. Seither stand dort unten eine Mausefalle. Ein Stückchen Käse sollte das Mäuslein anlocken. Ob es bereits in der Falle steckte? Ich wagte mich nicht nachzusehen. Rasch füllte ich das Holz in den Korb und wollte eiligst die Treppe wieder hochsteigen. Doch plötzlich ging das Licht aus. Vor Schreck liess ich den vollen Korb fallen und rannte in panischer Angst die Treppe hoch. In meiner Verzweiflung dachte ich gar nicht daran, den Lichtschalter zu suchen. Hinaus ans Tageslicht wollte ich, so schnell wie möglich – aber die Tür ging nicht mehr auf. Wie eine Verrückte rüttelte ich an der Falle, schrie und polterte laut gegen die Tür, bis sie sich endlich öffnete.

Jemand hatte sich einen Scherz erlaubt.

DAS MÄDCHENSCHLAFZIMMER

Das Schlafen zu dritt im selben Raum brachte meine Mutter manchmal fast zur Verzweiflung, denn es gab so vieles, das wir uns vor dem Einschlafen noch erzählen mussten.

Nach dem abendlichen Ritual – gemeinsames Nachtgebet, Schlaflied, Kuss auf die Wange, Kreuzzeichen auf die Stirn und «Bhüet di Gott!» – sollten wir still sein und schlafen. Aber soweit war es noch lange nicht, und das wusste Mutter. Die Tür liess sie stets einen Spaltbreit offen, setzte sich im Vestibül mit einer Handarbeit in ihren Weidekorbsessel oder stopfte die Löcher in unseren Socken.

Aber plötzlich sass sie nicht mehr im gewohnten Sessel. Anstelle von Stricknadelgeklapper hörten wir das Surren ihrer neumodischen Nähmaschine, die eine Frau kürzlich ins Haus gebracht hatte. Mehrmals war sie zu uns gekommen und hatte Mutter sämtliche Funktionen der Maschine erklärt. Ein ganzes Arsenal verschiedener Nadeln, Fadenspulen und Probeplätzchen hatte sie mitgebracht. Und eine Anzahl Nähfüsse: Zickzackfuss, Blindstichfuss, Reissverschlussfuss, Stopffuss, Stickfuss, Knopflochfuss ... Staunend standen wir gegenüber und beobachteten interessiert jedes Detail. Schier unendliche Möglichkeiten bot diese Nähmaschine. Besonders fasziniert hatte mich das Einfädeln. Wie in einem Labyrinth musste der Faden den richtigen Weg entlang geführt werden – Ziel war das Öhr! Ein rundes Metallstück, das aussah wie eine kleine Schnecke, verschwand mit der zweiten Fadenspule durch ein Türchen im unteren Bereich der Maschine. Mit einer Hand hielt Mutter den Faden fest und mit der anderen drehte sie das Rad. Dann geschah das Wunder: Die Nadel verschwand durch ein winziges Loch in der Metallplatte und erschien blitzschnell wieder mitsamt dem unteren Faden – dann konnte es losgehen.

Um die Maschine in Gang zu setzen, musste man nicht mehr, wie bei Grossmutters Nähmaschine, das Fusspedal treten, sondern lediglich mit dem rechten Oberschenkel den Metallbügel ein wenig auf die Seite schieben und schon startete die Maschine. Bei zu starkem Druck sauste der Stoff unter der Nadel davon.

Jeden Abend sass jetzt Mutter an ihrer *Elna Supermatic* und übte die verschiedenen Stiche. Besonders heikel war die richtige Einstellung des Zickzackstichs. Wenn er zu eng geriet, konnte es leicht geschehen, dass sich der Faden verhedderte. Dann hörten wir sie stöhnen: «Oh jee, ich hab zwei linke Hände!» Das Talent zum Schneidern hatte sie offenbar nicht von ihrer Mutter geerbt.

«Wird's bald?», rief sie energisch, wenn sie einen Moment innehielt und merkte, dass wir immer noch nicht schliefen.

Spielsachen und Bilderbücher versteckten wir unter der Bettdecke. Sogar meine heissgeliebten Murmeln nahm ich mit ins Bett. Besonders glücklich war ich an jenen Tagen, an denen ich ein paar dazu gewonnen hatte. Die durchsichtigen unifarbenen Glaskugeln gefielen mir am besten, besonders die blauen und die grünen; wenn ich sie gegen das Licht hielt, funkelten sie wie farbige Edelsteine. Als mir eines Abends im Halbschlaf die Kugeln aus der Hand glitten und mit lautem Getöse auf den Holzboden kullerten, folgte ein Donnerwetter ...

Einmal hat mir Marianne, die schon zur Schule ging, vor dem Einschlafen erklärt, dass es in der Schweiz einen Kanton gäbe, der Schwyz heisse. Das konnte ich nicht glauben, da wir auf Mundart die Schweiz ebenfalls «Schwyz» nennen. «Es ist doch nicht möglich, dass ein Kanton gleich heisst wie unser Land», argumentierte ich. «Doch, das ist so!», behauptete sie und wir diskutierten bis tief in die Nacht hinein, zuletzt noch im Flüsterton, damit es Mutter nicht hörte. Irgendwann bin ich eingeschlafen, aber ich hatte es immer noch nicht begriffen.

DAS LÜGENBEINCHEN

In der Stube, wo der Esstisch stand, ist auf der vergilbten Tapete der Umriss des abgehängten Kruzifixes sichtbar. Mein Vater sass immer am oberen Ende des Tisches und genau über ihm hing das grosse Holzkreuz mit dem Heiland, der traurig auf uns hinunterblickte.

Wenn alle am Tisch sassen, erkundigte sich Vater, ob wir die Hände gewaschen hätten, danach sprachen wir gemeinsam das Tischgebet.

Während der Mahlzeiten ermahnten uns die Eltern regelmässig, die Ellbogen vom Tisch zu nehmen, nicht mit vollem Mund zu sprechen und vor allem nicht zu schmatzen!

Zum Mittagessen gab es oft Fleisch, ausser freitags, da durften wir als Katholiken kein Fleisch essen. Auf dem Menuplan standen Fisch, Wähe oder «Gschwellti» mit Emmentaler- und Tilsiterkäse. Manchmal gab es dazu noch eine runde Schachtel mit dreieckigen *Gerberkäslein*, die in Stanniolpapier eingewickelt und mit verschieden farbigen Etiketten versehen waren. Am liebsten mochte ich das Schinkenkäslein mit dem rosaroten Etiket und dem lachenden Schweinchengesicht.

An einem Freitag habe ich einmal versehentlich ein solches in den Mund gesteckt. Als ich realisierte, welcher Tag war, hab ich es sofort wieder ausgespuckt, worauf meine Mutter meinte, so wenig Fleisch sei vermutlich keine Sünde, ich dürfe es ausnahmsweise essen.

Der Eintopf mit Siedfleisch, Gemüse und einem Markbein war jedes Mal ein Festmahl. Wir rochen es bereits im Treppenhaus. Mitsamt dem Schulsack auf dem Rücken rannten wir in die Küche, hoben den Deckel von der Pfanne und atmeten den Duft der kräftigen Fleischbrühe tief ein, bis uns Mutter mit lautem Protest aus der Küche jagte.

Nachdem Vater auf der Eckbank Platz genommen hatte, stellte er einen kleinen Teller mit dem Markbein vor sich hin, daneben das Salzfässchen und ein Stück Brot. Alle Augen waren gebannt auf ihn gerichtet: Sorgfältig kratze er mit einem spitzen Messer sämtliches Mark aus dem Knochen, strich es aufs Brot, streute Salz darüber und schnitt es in gleichmässige Stücke, die er an uns verteilte, eines davon steckte er sich selber in den Mund. Es schmeckte köstlich!

Poulet vom Grill war Vaters Spezialität. In einem Glaskasten, neben dem Kochherd, drehte sich das aufgespiesste Huhn, bis es schön knusprig war. Fachgerecht teilte er es mit der Geflügelschere in Stücke. Kaum sassen wir am Tisch, ging der Kampf um die Schenkel los ...

Vater achtete peinlich genau darauf, dass keine Faser mehr am Knochen blieb, sonst landete dieser erneut auf unserem Teller. Manchmal hielt er ein langes, dünnes Knöchlein in die Höhe. «Das ist das Lügenbeinchen!», sagte er. Seine Mutter habe ein solches Knöchlein an die Lampe über dem Esstisch gehängt. Wenn eines ihrer Kinder nicht die Wahrheit gesagt habe, hätte sie unbemerkt dagegen geblasen und gesagt: «Schau, das Lügenbeinchen bewegt sich!»

Nach jedem Essen kramte Vater aus seiner Hosentasche einen aufklappbaren, silbernen Zahnstocher und holte mit einem schmatzenden Geräusch die Speiseresten zwischen seinen Zähnen hervor. Dann klappte er ihn wieder zu, griff nach einem Kissen und machte es sich auf der Eckbank bequem. Während er eine alte Zeitung unter die Füsse schob, bemerkte er: «So, jetzt macht Papi ein Nickerchen.»

DER GOLDSCHMIED

Über der Stubentür hängt immer noch die grosse runde Uhr, sie zeigt gegen sieben. Jeden Abend war unsere Familie um diese Zeit zum Nachtessen versammelt. Dumpf und schwer tönten die Schritte, die sich langsam, Stufe um Stufe, unserer Wohnung im ersten Stock näherten. Erwartungsvoll blickten wir zur Tür. Der Grossvater trat ein und begrüsste uns mit seiner warmen, freundlichen Stimme. Wie alle Tage erkundigte er sich, wie wir den Tag verbracht hatten.

Ungeduldig rutschten wir Kinder auf der Eckbank hin und her, bis er endlich in die Tasche seines dunkelblauen Mantels griff und ein Stück Salzbrezel hervorholte, das er sorgfältig in kleine Stücke brach; einmal bekamen wir ein dickes Stück und ein anderes Mal ein dünnes knuspriges, vom inneren Teil der Brezel – den anderen Teil hatte er vermutlich bereits unserem Cousin und den beiden Cousinen im Parterre verteilt.

Mit Hochgenuss – und weit andächtiger als beim Tischgebet – steckten wir die Brezelstückchen in den Mund. Mit geschlossenen Augen liessen wir die würzigen Salzkörner auf der Zunge zergehen und träumten davon, einmal eine ganze Brezel für uns alleine zu besitzen.

«Jetzt muss ich aber gehen, sonst schimpft die Grossmutter, wenn ich zu spät zum Abendessen komme», sagte er und verabschiedete sich mit einem Augenzwinkern.

Grossvater Jakob war Goldschmied; seit seiner Jugend arbeitete er bei der Firma *Zinsstag* an der Gerbergasse.

Manchmal durften wir ihn an seinem Arbeitsort besuchen. Wir freuten uns jedes Mal auf die Fahrt mit dem altmodischen Lift. Erst wenn das Holzgitter ganz zugezogen war, setzte er sich langsam in Bewegung und beförderte uns zum Goldschmiedeatelier im ersten Stock, wo Grossvater mit einer dunklen Schürze an der Werkbank sass. Über seinem Schoss hing das sogenannte Fell – das lederne «Auffangbecken» für den Gold– und Silberstaub und die wertvollen Abfälle. Vor ihm, schön ordentlich nebeneinandergereiht, lag sein Werkzeug: verschiedene Zangen, Hammer und Feilnagel, die er selber angefertigt hatte. Beeindruckt hat mich stets die Flamme, die aus dem Lötkolben schoss.

Ein gutmütiger, treuer Mann war unser Grossvater, mit einem runden lieben Gesicht. Bei schönem Wetter ging er sogar sonntags ins Geschäft, um die Sonnenstoren über dem Schaufenster mit dem kostbaren Schmuck herunterzukurbeln und am Abend drehte er sie wieder hoch.

Von Montagfrüh bis Samstagabend arbeitete er im Goldschmiedeatelier. Aber nach Ladenschluss gönnte er sich ein Bier im *Braunen Mutz* am Barfüsserplatz. Und das war der Ort, wo diese wunderbaren Brezel an Holzständern aufgehängt waren und in der Mitte jeden Tisches standen.

Grossvater im Atelier der Bijouterie Zinsstag

DIE SCHNEIDERIN

Grossmutter Louise führte das Zepter im Haus.

Die Frau mit der stattlichen Figur hatte ihr langes Haar stets hochgesteckt und mit etlichen Haarnadeln befestigt. Sobald ihr eine Strähne ins Gesicht fiel, griff sie nach einer Nadel und befestigte sie aufs Neue. Nie habe ich sie mit offenem Haar gesehen. Grossmutter war eine tüchtige Frau und bestimmt eine grosse Stütze für unsere Mutter, aber sie war streng und hatte eine resolute Stimme. Wenn sie durch die Wohnung ging, hörten wir, einen Stock tiefer, ihre energischen Schritte.

Wie ihre Schwester – und zwei ihrer Cousinen – war auch Louise von Beruf Schneiderin. Vor der Heirat führte sie, zusammen mit Sophie, ein eigenes Atelier. Auf einem grossen Tisch breiteten sie ihre Stoffe aus, schnitten sie zu, falteten, drapierten oder plissierten sie. Nach dem Zusammenfügen der einzelnen Teile, wurde das Gesamtwerk an die Schneiderbüste geheftet und kritisch von allen Seiten begutachtet.

All das sah Jakob, wenn er am Kembserweg vorbeiging und durchs Fenster der beiden Schneiderinnen spähte. Er war fasziniert – und das nicht nur von den Stoffen! Da begann er, an Louise Gedichte zu schreiben. Sie fielen auf fruchtbaren Boden – und bald wurden die beiden ein Paar!

Nach der Hochzeit richtete Louise in ihrer Wohnung ein Nähzimmer ein, wo die gesamte Garderobe für ihren Mann und ihre drei Töchter entstand.

Louise und Jakob mit Töchtern: Links Ruth, rechts Helene

Später nähte Grossmutter auch für uns sämtliche Kleider; meistens in blauem Farbton und in dreifacher Ausführung. Für die Anproben mussten wir im zweiten Stock antraben – sie dauerten endlos lange und bedeuteten für uns eine Qual! Wie Statuen standen wir regungslos auf einem Stuhl und trauten uns kaum zu atmen. Das Messband um den Hals geschlungen und einige Nadeln zwischen die Lippen gepresst, kniete Grossmutter vor uns nieder, um den Saum abzustecken. Mit winzigen Schrittchen drehten wir uns um die eigene Achse. «Aua», entfuhr es uns hin und wieder, wenn uns eine spitze Nadel ins Bein stupfte. «Stillhalten hab ich gesagt!», herrschte sie uns an. Und wir trauten uns nicht mehr zu mucksen.

Die Kleider sassen perfekt, an jedes Detail hatte Grossmutter gedacht, sogar einen Stoffsack für das Taschentuch hat sie unter jedes Kleid genäht, was allerdings zur Folge hatte, dass wir bei Schnupfen dauernd unter den Rock griffen ...

Zu den Kleidern mussten wir Sorge tragen, insbesondere zu den adretten Sonntagskleidern und den weissen Kniesocken, die wir für unsere langweiligen Spaziergänge entlang dem Rheinufer oder auf den Chrischonahügel hinauf anziehen mussten. Zu gerne hätten wir andere Kleider getragen – vor allem keine blauen.

Für die Frisuren war Vater zuständig, da hiess es nochmals still sitzen, bis die Fransen unseres Pagenschnitts eine gerade Linie aufwiesen: Kein Wunder nannten uns alle das Dreimädelhaus!

Das Dreimädelhaus

DUNKLE WOLKEN

Neben der Haustür, wo früher unsere schweren Raleighs aufgereiht waren, steht jetzt der leere Veloständer, daneben das massive Eisengestell, woran oft Turnstange, Schwungringe und Schaukel montiert wurden. Einst legten die Hausfrauen ihre Teppiche über diese Stange und klopften sie so lange, bis sie in eine dicke Staubwolke gehüllt waren.

Sobald die Luft wieder rein war, übten wir dort mit grösstem Vergnügen unsere Kunststücke: Quer auf der Stange sitzend das Rad drehen oder die Glocke mit Absprung gehörten zu unseren Lieblingsnummern, mit denen wir sämtliche Nachbarskinder beeindruckten. Auf der Schaukel schwangen wir uns in die Höhe, bis unsere Füsse die oberen Äste der Tannen berührten.

Aber eines Tages wurde es still im Garten und ich sass alleine auf der Schaukel. Meine beiden Schwestern lagen mit Fieber, Kopfschmerzen und Halsweh im Bett. Der Scharlach war ausgebrochen!

Da für diese hoch ansteckende Krankheit noch kein wirksames Medikament zur Verfügung stand, durfte ich unsere Wohnung nicht mehr betreten.

Während dieser Zeit wohnte ich bei meinen Grosseltern und meine Familie sah ich nur noch ab und zu von weitem.

Dass ich keinen Fuss mehr in unsere Wohnung setzen durfte war schlimm, sogar so schlimm, dass ich mir nichts sehnlicher wünschte, als auch Scharlach zu bekommen. Aber alles Hoffen und Beten nützte nichts. Ganze Nachmittage verbrachte ich gelangweilt auf der Schaukel im Garten, scharrte mit den Füssen im Kies oder kaute auf dem Sauerklee herum, den mir Angelika mit einem mitleidigen Blick aus dem Nachbarsgarten reichte. Sehnsüchtig blickte ich zum ersten Stock hoch, in der Hoffnung auf irgendein Zeichen. Als sich endlich das Fenster öffnete, erblickte ich meine Schwestern mit hochroten Köpfen und Flecken am Hals. Wir sprachen nur kurz miteinander und schon hörte ich meine Mutter rufen: «Geht rasch wieder ins Bett!» Bevor sie das Fenster schlossen, streckten sie ihre himbeerroten Zungen heraus.

An einem dieser Nachmittage, als ich wieder auf der Schaukel sass, erschien überraschend Tante Sophie. Sie kam oft zu Besuch. Da sie als Witwe mit ihrer Tochter Elsa alleine lebte, gehörte sie fast ein wenig zur Familie. Meine Tante ging jedoch nicht, wie üblich, zu ihrer Schwester hoch, sondern kam in der Absicht, die Patientinnen im ersten Stock zu besuchen. Vor Ansteckung hatte sie offenbar keine Angst!

Sehnsüchtig blickte ich zu unserem Balkon hoch und erblickte sie hinter den Glyzinien, zusammen mit meiner Mutter. Am liebsten wäre ich gleich die Balustrade hochgeklettert – so wie wir das später taten, wenn wir die Hausschlüssel vergessen hatten. Stattdessen blieb ich stumm und traurig unten stehen. Als meine Grossmutter vom Besuch ihrer Schwester erfuhr, rannte sie alarmiert in den Garten und blickte in den ersten Stock hoch, wo Sophie tatsächlich auf dem Balkon sass und gemütlich mit meiner Mutter plauderte.

«Unglaublich, so eine alte unvernünftige Person!», rief sie entsetzt, nahm mich bei der Hand, führte mich in den zweiten Stock – und dort musste ich noch eine ganze Weile ausharren!

Kurz danach zogen erneut dunkle Wolken über unser Haus. Vater lag im Bett. Fast täglich kam der Arzt ins Haus und Mutters besorgtes Gesicht liess uns ahnen, wie ernsthaft krank er war. Nach mehreren Untersuchungen stand fest: Es handelte sich um eine Atropin-Vergiftung!

Unser Vater war in der Produktionsabteilung einer chemisch pharmazeutischen Firma tätig. Substanzen der Tollkirschen, die für die Herstellung von Medikamenten verwendet wurden, waren für diese Vergiftung verantwortlich.

Ich war sehr traurig und hatte Angst, er würde vielleicht sterben. Besonders am Abend vor dem Einschlafen gingen mir solche Gedanken durch den Kopf. Nie mehr könnte ich auf seinen grossen Füssen durch die Wohnung gehen: ein paar Schritte vorwärts, dann wieder zurück, ohne abzurutschen. Und wer würde in Zukunft meine Spielsachen flicken? Bei diesem Gedanken drückte ich meinen Plüschaffen noch fester an die Brust, denn vor einiger Zeit war ich mitten in der Nacht aufgewacht und hatte nur noch den Kopf des Affen in der Hand gehalten. Ich hatte laut geschrien, sodass meine Eltern erschrocken angelaufen kamen. Vater holte seinen dunkelbraunen Werkzeugkoffer, den er immer benutzte, wenn er Eisenplättchen auf unsere Schuhsohlen nagelte. Er hatte seine Brille aufgesetzt und nach einer langen Schraube gesucht, um den abgefallen

Kopf des Plüschtiers zu befestigten. Mit meinem heiss geliebten Affen im Arm konnte ich dann wieder einschlafen.

Zum Glück hat sich Vater nach einiger Zeit von seiner schweren Krankheit erholt. Aber der Gehörschaden, den er vermutlich durch den Maschinenlärm am Arbeitsort erlitten hatte, war nicht mehr gutzumachen. Dies war vielleicht der Grund, weshalb er nur noch selten nach seiner Geige griff, um ihr ein paar Töne zu entlocken – obwohl ich ihn immer wieder bat, etwas zu spielen.

In der Firma wurde ihm ein neues Tätigkeitsfeld angeboten; er kümmerte sich fortan um den Einkauf. Und in der Produktion wurden verschiedene Massnahmen zum verbesserten Schutz der Mitarbeiter ergriffen.

SOMMER AM VIERWALDSTÄTTERSEE

Nach Vaters Genesung konnten wir die Sommerferien wieder wie gewohnt am Vierwaldstättersee verbringen.

Hektisch war die Stimmung am Abend vor der Abreise. «Habt ihr die Badehosen und den Schwimmgurt eingepackt?», tönte es lautstark aus der Küche. «Vergesst die Spielkarten nicht – und dann marsch ins Bett!»

Wie jedes Jahr fuhren wir mit dem Zug nach Luzern und von dort mit dem Dampfschiff bis Beckenried. Auf dem Schiff begaben wir uns zuerst aufs Deck und warteten gespannt, bis das Horn zum Zeichen der Abfahrt ertönte. Auf den Zehen stehend und die Bäuche dicht ans Geländer gedrückt, schauten wir zu den grossen Rädern hinunter, die sich mit voller Wucht drehten und mit lautem Getöse das Wasser aufschäumten.

Nach einem Blick auf Rigi, Pilatus und Bürgenstock, rannten wir die Treppe hinunter zum Maschinenraum. Dort beobachteten wir, wie die Männer mit ihren muskulösen Armen Kohle in den Ofen schaufelten, um den nötigen Wasserdampf zu erzeugen, der die Maschinerie in Gang hielt. Daneben donnerten die Kolben in gleichmässigem Rhythmus auf und nieder.

Wir hielten Ausschau nach anderen Schiffen und versuchten schon von weitem ihre Namen zu entziffern. Mit der Zeit kannten wir sie alle: *Uri, Schiller, Unterwalden, Gallia* und die *Stadt Luzern*. Manche erkannten wir sogar am Ton des Horns.

An der Schiffstation in Beckenried wurden wir von unserer Gastfamilie mit dem Boot abgeholt. Die Ferienwohnung lag direkt am See. Zwischen Haus und Ufer gab es eine leicht abfallende Wiese, auf der ein paar Liegestühle mit gestreiftem Stoff aufgestellt waren, von denen wir regen Gebrauch machten. Ihr Holzgestell konnte stufenweise in die gewünschte Position gebracht werden, wobei wir darauf achten mussten, unsere Finger nicht einzuklemmen. Trotzdem ist es ein paar Mal passiert ...

Im angrenzenden Obstgarten halfen wir gerne bei der Ernte mit, denn anschliessend durften wir nach Herzenslust von den reifen Beeren naschen; die tiefroten Himbeeren schmeckten mir am besten.

Zahlreiche Katzen tummelten sich dort umher, und alle Jahre gab es Junge. Wenn sich eines von ihnen auf meinem Schoss niederliess, brachte ich es nicht übers Herz, mich vom Stuhl zu erheben. Ein Kätzchen mit einem schwarzen Tupfen auf der Stirn hatte es mir besonders angetan. Am liebsten hätte ich es mit nach Hause genommen, aber Mutter war der Ansicht, das sei völlig ungeeignet in einer Stadtwohnung. Dennoch hoffte ich, sie bis Ende der Ferien umstimmen zu können.

Die obligate Ruhepause nach dem Mittagessen verbrachten wir auf unseren Klappliegen. Kaum hatten wir es uns dort bequem gemacht, kam das Tüpfchen angerannt und liess sich auf meinem Schoss nieder. Einmal war es besonders anhänglich und wich nicht mehr von der Stelle. Selig streichelte ich über sein weiches Fell und genoss das laute Schnurren, bis ich plötzlich etwas

Warmes an meinen Beinen spürte: Auf meinem luftigen Sommerkleid hatte sich eine dunkelbraune Sauce ausgebreitet ... Danach durfte ich das Kätzchen nicht mehr anfassen. Sein scheues, bettelndes Miauen, während es um meine nackten Beine schlich, brach mir fast das Herz. Aber ich wusste, dass dieser Vorfall das Ende meines Katzentraums bedeutete. Zuhause würde ich mich wieder mit dem Bilderbuch von Pitschi und der alten Lisette begnügen müssen.

Bei schönem Wetter verbrachten wir die meiste Zeit im Wasser. «Es ist wunderbar hier draussen!», riefen meine Schwestern begeistert und winkten mir fröhlich lachend zu. Ich beneidete die beiden, als ich sah, wie sie im See immer weiter hinaus schwammen, während ich in Ufernähe meine ersten Versuche mit dem Korkring machte.

«Probier es doch einmal ohne Kork!», ermunterte mich Marianne und versprach, mich am Badeanzug festzuhalten. Aber nach ein paar Zügen habe ich gemerkt, dass sie mich losgelassen hatte. Erschrocken habe ich mich aufgerichtet und wollte protestieren. Da hat meine Schwester in die Hände geklatscht und gejubelt: «Du kannst es – du kannst schwimmen!»

Von jenem Tag an habe ich keinen Ring mehr getragen und im folgenden Sommer wollte ich, wie die grösseren Kinder, von der Mauer neben dem Bootshaus ins Wasser springen. Tag für Tag stand ich dort, blickte hinunter, ging auf der Mauer hin und her – aber zu springen habe ich mich nicht gewagt. Noch nicht.

Vater sass geduldig am Seeufer und frönte seinem geliebten Hobby: Andächtig betrachtete er den Inhalt seiner Blechbüchse, wählte die besten Würmer aus und befestigte sie sorgfältig an der Angel. Er warf die Rute aus und hoffte auf einen guten Fang. Aber das Resultat war meistens mager. Abends kam er mit ein paar «Schnäpperchen» heim, die er in einer kleinen Pfanne brutzelte. Danach stank es fürchterlich in der Küche.

Eine raffinierte Angeltechnik haben sich ein paar einheimische Jungen ausgedacht, um ihr Taschengeld aufzubessern. Am frühen Morgen fuhren sie mit einem Fischerkahn auf den See hinaus. Neben den üblichen Angelutensilien hatten sie als Köder eine Flasche dabei, in der – wie in einem Aquarium – ein paar kleine Fische herumschwammen.

Damit gelang es ihnen ab und zu, einen Hecht anzulocken, den sie nach geglücktem Fang den Restaurantbesitzern im Dorf zum Kauf anboten. Im *Edelweiss* oder *Alpenrösli* landete er dann auf den Tellern zufriedener Kurgäste.

Wenn der Sohn des Hausbesitzers am Abend zum Fischen hinausfuhr, durften wir manchmal mit. Peter zog mehrmals kräftig am Knoten des dicken Seils, bis der Motor ansprang, dann tuckerten wir ein Stück weit auf den See hinaus, wo er ihn abstellte. Ruhig glitt das Boot übers Wasser und die Abendsonne glitzerte auf dem See, bis sie langsam hinter den Bergen verschwand.

Als Einheimischer wusste er, wo die besten Fische zu finden waren: Ob Egli, Zander, Felchen oder Barsch, allesamt landeten sie im Wasserkessel. Zuhause wurde dieser ausgeleert. Die armen Kreaturen zuckten wild auf dem Boden, bis Peter jeden einzelnen Fisch am Schwanz fasste und einmal kräftig mit dem Kopf auf den Boden schlug.

Nach dem Abendessen versammelte sich jeweils die ganze Familie auf der gemütlichen Veranda, wo auf dem langen Holztisch die Jasskarten ausgeteilt wurden. Einzig erlaubter Ausgang war die Rosenkranzandacht in der gegenüberliegenden St. Anna Kapelle.

Im Dorf wurde erzählt, ein Mühlebesitzer sei vor langer Zeit bei einem Unwetter auf seinem Heimweg nach Beckenried in Seenot geraten. In seiner Verzweiflung habe er der heiligen Anna versprochen, eine Kapelle zu bauen, falls er gerettet würde. Im Deckenbild ist zu sehen, wie ein

Segelschiff von schäumenden Wellen bedroht wird und die Besatzung Hilfe suchend die Hände ausstreckt.

Die Rosenkranzandacht bedeutete für uns eine willkommene Gelegenheit, abends nochmals aus dem Haus zu gehen und uns mit den Kindern aus der Nachbarschaft zu treffen.

In der Kapelle setzten wir uns auf die vorderen Bänke und warteten, bis der Sigrist vor dem Altar niederkniete. Mit seiner untersetzten Figur wirkte er etwas unbeholfen. Sobald er nach dem Messglöckchen griff, es hin und her bewegte und die hellen, metallischen Klänge ertönten, wurde es andächtig still in der Kapelle. Dann begann er laut zu beten, wobei sein Sprachfehler nicht zu überhören war. «Gegrüsst seisch du Maria spolder Knabe», verstanden wir jedes Mal und warfen uns vielsagende Blicke zu, «der Herr isch mit dir, du bisch gebenedeit unter den Weibern ...» An dieser Stelle fragte ich mich stets, was gebenedeit eigentlich bedeute, aber ich betete brav weiter: »Heilige Maria Muttergottes, bitt für uns arme Sünder, jetzt und in der Stunde unseres Todes.» Dann griffen wir zum nächsten Kügelchen – und nach dem fünfzigsten kam das ersehnte Amen!

In Beckenried gibt es eine Liegenschaft, die heute noch mit einem Servitut belastet ist, das den Besitzer oder einen Angehörigen seiner Familie verpflichtet, mindestens einmal wöchentlich in der Kapelle einen Rosenkranz zu beten.

Gegen Ende der Ferien hat mir Peters jüngere Schwester Annemarie fünfunddreissig Kelloggskörner versprochen, wenn ich von der Mauer in den See springe. Sie wusste, dass ich diese knusprigen, mit Honig überzogenen Getreidekörner über alles liebte. Es kostete mich eine enorme Überwindung, aber die Verlockung war zu gross.

Schlotternd sass ich danach auf der Treppe des Hauseingangs und Annemarie konnte es immer noch nicht fassen, dass ich gesprungen war. Beide Hände musste ich hinhalten und sie schüttete so viele Körner hinein, wie ich halten konnte. Es war ein grosser Berg!

Endlich durfte ich mit den andern Kindern bis weit in den See hinausschwimmen. Zur Sicherheit hatte jedes von uns ein Holzbrett dabei, an dem wir uns festhielten. Wenn wir müde waren, schoben wir das Brett unter den Bauch und ruhten uns ein wenig darauf aus. Das Schwimmen im See war herrlich – einzig die vielen Schlingpflanzen störten uns; wir konnten uns davon nur schwerlich befreien, wenn sie sich um unsere Zehen wanden.

Das Boot des Hausbesitzers stand auch uns zur Verfügung. Täglich ruderten wir, schön im Takt, bis sich an unseren Händen Blasen bildeten. Mitten im See begegneten wir manchmal unserem Vater, der völlig regungslos auf dem Rücken lag und sich vom Wasser schaukeln liess. Dabei schmunzelte er zufrieden.

Auch unsere Mutter war eine gute Schwimmerin. Als junge Frau ging sie oft im Rhein schwimmen. Sie hat erzählt, dass sie dort einen Mann vor dem Ertrinken gerettet habe. Mit nachdenklicher Stimme hat sie hinzugefügt: «Nie habe ich erfahren, ob er sich absichtlich ins Wasser gestürzt hatte.»

Badefreuden

DER KLEINE VIERBEINER

Damit sich unsere Eltern von den Strapazen mit ihren drei kleinen Plaggeistern ein wenig erholen konnten, nahmen uns einmal die Grosseltern mit in die Sommerferien nach Beckenried.

«Kommt ihr mit auf die Klewenalp?», schlug der Grossvater eines Tages vor, «oben gehen wir im Restaurant etwas trinken.» Das liessen wir uns nicht zweimal sagen. Im Nu waren wir marschbereit und zogen zusammen los. In Gedanken sahen wir uns bereits im Restaurant vor einem Glas kühlen Apfelsaft sitzen.

Wir gingen ein Stück dem See entlang, bis zur Abzweigung in Richtung Klewenalp. Bereits nach wenigen Schritten stand uns der Schweiss im Gesicht. Am liebsten wären wir gleich wieder umgekehrt und im See schwimmen gegangen. Aber Grossvater schritt tapfer voran, obwohl sein Atem hörbar schwerer wurde. Ab und zu drehte er sich um und warf uns einen aufmunternden Blick zu. Während wir missmutig weitermarschierten, vernahmen wir plötzlich ein Geräusch hinter uns. Ein kleiner brauner Hund kam angerannt und hüpfte freudig um uns herum. Die Abwechslung kam wie gewünscht!

Der Hund beschnupperte uns und wedelte aufgeregt mit dem Schwanz. Einen Moment blieben wir stehen und hielten nach dem Besitzer Ausschau, aber weit und breit war niemand zu sehen. Der Hund rannte zum Grossvater, zupfte ihn am Hosenbein und beschnupperte seine Schuhe.

Auch er freute sich sichtbar an dem kleinen Vierbeiner und uns machte jetzt der mühsame Aufstieg richtig Spass.

Ein Baumstamm lud zu einem Zwischenhalt ein. Der Hund liess sich zu unseren Füssen nieder und genoss es, wenn wir mit den Händen über sein Fell fuhren. Plötzlich schnellten seine Ohren und sein Schwanz in die Höhe. Was mag seine Aufmerksamkeit erregt haben? An einer moosbedeckten Stelle begann er mit seinen Vorderpfoten eifrig die Erde aufzuwühlen. Immer grösser wurde das Loch. Wir erhoben uns vom Baumstamm, um den Ort zu inspizieren. Obwohl wir nichts Besonderes entdecken konnten, buddelte er ununterbrochen weiter. Das dauerte Grossvater nun doch zu lange. «Es ist nicht mehr weit, bald sind wir oben», kündigte er den Aufbruch an. Nur ungern haben wir uns von der Stelle entfernt, wo der Hund immer noch fleissig am Graben war. Er hat aber kurz aufgeblickt, als wir weggingen. Kaum hatten wir uns ein paar Schritte entfernt, hörten wir hinter uns das inzwischen vertraut gewordene Trippeln.

Oben angelangt, erblickten wir schon von weitem eine Gartenwirtschaft, in die wir geradewegs einmarschierten und uns an den erstbesten Tisch setzten. Als wäre es ganz selbstverständlich, platzierte sich der Hund unter unseren Tisch. Inzwischen hatten wir ihn ins Herz geschlossen und hofften insgeheim, wir könnten das herrenlose Tier – anstelle der Katze – mit nach Hause nehmen.

Die Serviertochter stellte vor Grossvater ein grosses Bier mit einer herrlichen Schaumkrone hin und uns brachte sie ein Glas Apfelsaft, das wir in einem Zug leer tranken.

Da wir vom Aufstieg Hunger bekommen hatten, bestellte Grossvater für alle eine Servelatwurst.

Kaum hatten wir die Haut von der Wurst entfernt und etwas Senf darauf gestrichen, kam unter dem Tisch Leben auf. Neugierig blickte das Kerlchen von einem zum andern und wedelte erneut aufgeregt mit dem Schwanz, worauf Grossvater die Serviertochter heranwinkte und eine weitere Servelat bestellte.

Genau in dem Moment, als der Hund freudig in die Wurst biss, erschien beim Eingang des Restaurants ein Mann mit hochrotem, verschwitztem Kopf und struppigem Haar. «Kein Wunder, dass er mitgeht, wenn man ihn mit einer Wurst anlockt», schrie der Mann verärgert. «Er gehört auf meinen Hof, den ganzen Weg bin ich ihm nachgelaufen!»

Grossvater wischte sich den Schaum von den Lippen und schaute den Mann verdattert an. Er versuchte ihm zu erklären, dass sein Hund uns nachgelaufen war. Aber der Bauer schenkte ihm kein Gehör. Er packte seinen Hund und zog wütend von dannen.

FAMILIENZUWACHS

Jeden Tag, punkt zwölf Uhr, wartete ich mit meinen Schwestern auf Vater, der zum Mittagessen heimkam. Schon von weitem erkannten wir ihn an der dunkelroten Windjacke und der schwarzen Schirmmütze. Sobald er auf seinem Velosolex um die Ecke bog, stürmten wir auf ihn zu, jede von uns wollte als Erste die paar Meter bis zum Haus auf dem Gepäckträger mitfahren.

Einmal mussten wir ihm etwas Wichtiges mitteilen und rannten ihm deshalb bis zum Haupteingang des Kannenfeldparks entgegen. Dort hüpften wir aufgeregt von einem Fuss auf den andern, bis er endlich angefahren kam. Wie im Chor schrien wir alle drei: «Papiiii», und fuchtelten wild mit den Armen. Seelenruhig, wie unser Vater eben war, stieg er von seinem Solex. «Was ist denn los – ist etwas passiert?», fragte er verwundert. Zuerst sprachen wir alle drei durcheinander, sodass er gar nicht verstehen konnte, worum es ging. Als wir uns ein wenig beruhigt hatten, platzten wir mit der grossen Neuigkeit heraus: «Papi, stell dir vor: Mami ist schwanger – sie bekommt ein Kind!»

Endlich ein Bub! Die Freude war gross, als Markus auf die Welt kam. Schwester Hoffmann war wieder rechtzeitig zur Stelle und stand meiner Mutter auch nach der Geburt mit Rat und Tat zur Seite. Zur Stärkung bekam sie jeden Tag einen frisch zubereiteten Eiercognac, von dem auch wir ein Schlückchen probieren durften.

Wir waren stolz auf unser Brüderchen und konnten uns nicht satt sehen an den kleinen Händen und den Füsschen mit den winzigen Zehen. Nach dem Stillen durften wir es auf dem Arm halten und herumtragen. Unsere Mutter zeigte uns, wie wir mit der Hand behutsam über die Fontanelle fahren konnten, um die Verdauung zu beschleunigen, bis ein hörbares Aufstossen zu vernehmen war.

Voller Begeisterung schwärmte ich in der Schule von unserem Baby, bis meine Lehrerin zu uns nach Hause kam und ich ihr mein Brüderlein zeigen durfte.

Aber gleichzeitig passierte etwas Eigenartiges: Anstatt morgens in meinem wohlig warmen Bett aufzuwachen, lag ich ab und zu in einer Nasszone ... Meine Eltern waren ratlos. Alles Schimpfen nützte nichts. Als sogar einmal während des Schulunterrichts ein Bächlein an meiner Bank hinunterfloss, informierte die Lehrerin meine Eltern, worauf ein Termin beim Schulpsychologen vereinbart wurde.

Während ich mit meiner Mutter im Wartezimmer sass, beschlich mich dasselbe Unbehagen, das ich bei meinem ersten Besuch in der Schulzahnklinik an der St. Albanvorstadt empfand. Auch dorthin hatte mich meine Mutter begleitet.

Plötzlich sah ich wieder alles genau vor mir: Wie uns bei der Ankunft am Schalter eine Nummer zugeteilt wird. Der grosse Raum ist vollbesetzt mit einer Schar Kinder, die unruhig auf den Bänken hin und her rutscht. Alle halten eine Nummer in der Hand. Wir setzen uns zu ihnen und warten, bis ich an die Reihe komme. Zwei lange Stunden dauert es!

Dann nimmt mich meine Mutter bei der Hand und führt mich in den ersten Stock, wo wir uns nochmals kurz hinsetzen müssen. Mein Bauch beginnt heftig zu rebellieren, und als der Mann in Weiss vor mir steht, weigere ich mich strikte, auf dem Behandlungsstuhl Platz zu nehmen. Alles Zureden nützt nichts. Mit vereinten Kräften zerren mich der Zahnarzt, seine Assistentin und meine Mutter auf den Stuhl. Tränenüberströmt lande ich schlussendlich dort, wohin ich unter keinen Umständen will.

Das Geräusch einer Tür, die geöffnet wurde, brachte mich in die Realität zurück. Der Psychologe stand vor uns. Nach der Begrüssung führte er uns in seinen Praxisraum, wo er sich mir gegenüber an den Tisch setzte. Er bat mich, eine Geschichte laut vorzulesen, dessen Inhalt ich anschliessend erzählen musste. Zum Glück konnte ich mich noch an das Wesentliche erinnern. Sie handelte von einem Buben, der einen Wellensittich besass. Eines Morgens, als er ihn füttern wollte, lag der Vogel tot im Käfig. Der Psychologe schien mit meiner Schilderung zufrieden. Danach sprach er noch eine Weile mit meiner Mutter.

«Was passiert jetzt mit mir?», wollte ich auf dem Heimweg wissen. «Der Psychologe hat mir geraten, dich öfter auf den Schoss zu nehmen», gab meine Mutter zur Antwort.

Erst viele Jahre später erzählte sie mir, wie ich einmal, als sie auf der Toilette sass, vor der geschlossenen Tür stand und ihr durch den Türspalt zugeflüstert habe: «Weißt du, Mami, ich hab ja den Markus wahnsinnig lieb, aber bevor er da war, war es viel schöner!»

Ich ahnte nicht, dass meine Mutter zu jenem Zeitpunkt bereits wieder schwanger war. Ein paar Monate später kam unsere jüngste Schwester Therese zur Welt.

Niemand in unserer Klasse hatte so viele Geschwister wie ich und ich begann mich zu fragen, wie alle diese Babys in Mutters Bauch kamen.

Die feierliche Stimmung beim Abschmücken des Weihnachtsbaums schien meiner Mutter der geeignete Moment, um auf das heikle Thema einzugehen.

Da wir unsere Eltern nie nackt zu Gesicht bekamen und auch noch keine *Bravo* Heftchen kannten, begann Mutter bei Adam und Eva. Danach erklärte sie uns, was bei den grossen Mädchen jeden Monat passiert: Menstruation hiess das neue Wort!

«Und wie kommen die Babys in den Bauch?», fragte ich gespannt.

«Das erkläre ich dir später», sagte sie etwas verlegen. Für dich ist jetzt Zeit zum Schlafengehen.» Enttäuscht legte ich mich im Nebenzimmer ins Bett. Während ich zum Wandbehang mit dem Schneewittchen und den sieben Zwergen hochblickte, fragte ich mich, was Mutter meinen Schwestern noch erzählte. Zu gerne hätte ich es gewusst. Aber so sehr ich mein Ohr an die Wand presste, ich konnte es nicht hören.

... mit Bruder Markus

DIE ANPROBE

Dass grosse Ereignisse ihre Schatten voraus werfen, haben wir vor der Hochzeit von Mutters Schwester Margrit erlebt. Die Vorbereitungen liefen bereits Monate zuvor auf Hochtouren. Mit meinen Schwestern musste ich ein Lied einstudieren, das wir der Hochzeitsgesellschaft vortragen sollten.

Grossmutters Nähmaschine ratterte fast rund um die Uhr und die Fadenspulen drehten sich in höllischem Tempo. Margrit nähte bis spät in die Nacht an der Bettwäsche ihrer Aussteuer. Endlich konnte sie anwenden, was sie in einem Stickkurs an der Frauenarbeitsschule gelernt hatte. Mit Sternchen- und Assisistichen wurden die Bordüren der Laken kunstvoll verziert.

Ihr Verlobter brachte von einer Geschäftsreise aus Damaskus einen prächtigen Brokatstoff für das Hochzeitskleid mit.

Margrit war das Stillstehen während der Anproben bei ihrer Mutter gewohnt: das Abmessen der Taille und des Brustumfangs, das Abstecken der Rocklänge, das Markieren der Abnäher mit der Schneiderkreide, das Hochhalten der Arme beim Definieren der Ärmelweite und das Gefühl des kalten Metalls der Schere auf der Haut, wenn die Grösse des Ausschnitts bestimmt wurde. All das kannte Margrit bestens, hatte sie doch vor ihrer Hochzeit kaum je ein Konfektionskleid getragen.

Als das Brautkleid fertig genäht war, kamen wir drei an die Reihe. Für unsere Kleider wurden zartrosa Organza und St. Gallerspitzen bestellt. Wenn ich zur Anprobe gerufen wurde, hatte ich jedes Mal Angst, ich könnte mich im falschen Moment bewegen, husten oder niesen und dadurch meine Grossmutter verärgern. Sobald ich das Nadelkissen erblickte, hielt ich den Atem an ... Das Stillstehen schien diesmal kein Ende zu nehmen, aber am Schluss waren alle vom Resultat überwältigt: Wir sahen aus wie drei kleine Prinzessinnen!

Der Tag der Hochzeit rückte näher und am Vorabend konnten wir vor lauter Aufregung kaum einschlafen. Meine Mutter liess sich für diesen besonderen Anlass frische Dauerwellen machen und für uns drei kam am Hochzeitsmorgen eine Coiffeuse ins Haus, die unser glattes Haar mit einer Brennschere in einen Lockenkopf verwandelte.

Während der Nacht war die Temperatur so stark gesunken, dass wir in unseren hauchdünnen Kleidchen erbärmlich froren. Schlotternd standen wir nach der Trauung vor dem Fotografen und versuchten, uns an die Pelzjacke eines Hochzeitsgastes zu klammern. Niemand hätte gedacht, dass es auf dem Bruderholz mitten im Frühling schneien würde!

Hochzeit von Tante Margrit und Onkel Heini

Ein Jahr später reisten Tante Margrit und Onkel Heini mit ihrem zwei Monate alten Baby nach New York, wo mein Onkel als Kaufmann für die Firma *Geigy* tätig war. In regelmässigen Abständen berichtete unsere Tante über das Leben in den Vereinigten Staaten. Wenn ein Luftpostbrief ins Haus flatterte, versammelte sich die ganze Familie um den Stubentisch und unsere Mutter las ihn vor.

Tante Margrit schrieb von Fertigmahlzeiten für Babys in Gläschen, die sie bloss im heissen Wasserbad aufwärmen musste. Und von einem Windelservice berichtete sie: Alle paar Tage kam jemand vorbei, holte die gebrauchten Windeln ab und brachte gleich frische mit. So praktisch war das in Amerika!

Als sie uns mitteilte, sie habe eine Geschirrwaschmaschine und müsse nicht mehr von Hand abwaschen, waren wir völlig baff. Eine Waschmaschine für die Kleider kannten wir bereits, aber dass Geschirr in einer Maschine gewaschen werden konnte, das überstieg unsere Vorstellungskraft.

Die Geschirrwaschmaschine ging mir nicht mehr aus dem Kopf. In Gedanken sah ich Teller und Tassen in einer Lauge herumschwimmen. Wie das Geschirr anschliessend noch getrocknet wurde, ohne zu zerbrechen, war für mich ein Rätsel.

Nie mehr Abwaschen und nie mehr Abtrocknen, das musste wunderbar sein! Das Wort *AMERIKA* begann eine magische Kraft auf mich auszuüben.

Nach einem weiteren Aufenthalt in Brasilien, kam meine Tante nach etwa zwei Jahren zurück in die Schweiz. Onkel

Heini musste aus geschäftlichen Gründen noch eine Weile in Rio bleiben. Wir waren sehr gespannt auf ihre Ankunft, denn inzwischen hatte sie ein zweites Kind geboren. Und da es in Amerika zur Welt kam, erhielt es die dortige Staatsbürgerschaft.

Wir besassen zwar keine Geschirrwaschmaschine, dafür hatten wir jetzt eine kleine amerikanische Cousine!

DIE BAUCHBINDE

In unserem Haus an der Lenzgasse hat sich vorübergehend ein junges Paar im zweiten Stock eingemietet. Solange das Haus nicht verkauft ist, können sie hier wohnen bleiben. Mit ein paar wenigen Möbeln haben sie sich eingerichtet. Offenbar waren sie auch mit dem Pinsel am Werk: In der Stube ist eine Wand in frischem Hellgrün angestrichen. Mitten im Zimmer liegt eine grosse Matte, die danebenstehende Klangschale deutet auf Meditation. Mein Blick wandert durch den Raum, der eine angenehme Ruhe ausstrahlt.

Erneut steigen Bilder aus der Vergangenheit hoch. In der linken Ecke, vor dem Balkon, stand einst der Polstersessel meines Grossvaters. Sonntags, nach dem Mittagessen, setzte er sich gerne mit einer Zigarre dorthin – manchmal begnügte er sich auch mit einem Rösslistumpen. Oft bin ich auf seinem Schoss gesessen, habe mich an seinen weichen Bauch geschmiegt und beobachtet, wie nach jedem Zug graue Wölkchen gegen die Decke schwebten. «Wie viele Ringlein soll ich machen?», hat er gefragt. Zusammen haben wir sie gezählt und er war stolz, wenn es jedes Mal mehr wurden. Sorgfältig hat er die Bauchbinde von seiner Zigarre abgestreift und an meinen Finger gesteckt. Den roten Papierring mit der goldenen Verzierung habe ich den ganzen Nachmittag getragen und am Abend, bevor ich ins Bett ging, auf den Nachttisch gelegt.

Grossvater war nie schlechter Laune, immer hatte er ein zufriedenes Gesicht, und wenn Grossmutter uns mit strengen Blicken musterte, hatte er stets ein aufmunterndes Wort bereit.

Wir ahnten nicht, dass er häufig unter starken Kopfschmerzen litt. Ob Giftstoffe, die früher in Goldschmiedeateliers verwendet wurden, seine Kopfschmerzen verursacht hatten?

Die regelmässige Einnahme von Medikamenten hatte lebenswichtige Organe in seinem Körper angegriffen. Grossvater wurde zusehends schwächer. Und als er sich nicht mehr vom Bett erheben konnte, wussten wir, dass es für ihn keine Hoffnung mehr gab.

«Die tägliche Einnahme von *Saridon*», sagte der Arzt, «hat seine Nierenschrumpfung verursacht.»

Grossmutters Schritte waren langsamer geworden, auch ihre Gesten waren nicht mehr so impulsiv. Sogar ihre Stimme tönte weniger resolut. Jetzt sass sie nicht mehr oft an der Nähmaschine. «Die dunklen Stoffe habe ich nie gemocht», sagte sie, indem sie ihre Brille zurechtrückte. «Beim Nähen sehe ich den Faden kaum!»

Grossvaters tiefes befreiendes Lachen, das früher manchmal durchs Treppenhaus dröhnte, fehlte uns allen sehr. Es wurde Herbst, die Tage wurden kürzer und dunkler und an den Glyzinien hingen keine Blätter mehr. Erste Weihnachten ohne Jakob. Trotzdem wünschte sich Grossmutter, wie alle Jahre, einen geschmückten Tannenbaum.

Auf dem Stubentisch hatte sie eine Anzahl Schachteln mit Dekorationsmaterial bereitgestellt. Ich reichte ihr die Kugeln, die sie sorgfältig, eine nach der andern, an den

Ästen befestigte. Eine friedliche Stimmung erfüllte den Raum. Plötzlich hielt sie einen Moment inne, stieg vom Schemel herunter und wandte sich mir zu. «Seit Grossvater nicht mehr da ist, fühle ich mich oft sehr einsam», brach es unvermittelt aus ihr heraus, «besonders am Abend. Vor dem Einschlafen haben wir uns immer die Hand gehalten.»

Vor Staunen wäre mir beinahe eine ihrer kostbaren Silberkugeln aus der Hand gefallen – diese Vertrautheit war ich mir von ihr nicht gewohnt. War es die besondere Stimmung, die sie zu dieser Äusserung bewog? «Auf Grossvaters Grab habe ich von einem Kranz die Schlaufe entfernt», fuhr sie fort «und habe sie nun auf sein Kopfkissen gelegt.» Ich war sprachlos, solch zärtliche Gefühle hätte ich ihr nicht zugetraut. Nie zuvor war sie mir so nahe wie in diesem Moment. Von jenem Tag an sah ich meine Grossmutter in einem anderen Licht.

Ein paar Monate später ist Grossmutter auf der Treppe gestürzt und hat sich dabei den Arm gebrochen. Zum ersten Mal war sie auf die Hilfe ihrer Töchter angewiesen, was ihr gewiss nicht leicht fiel. Wenn sie bei uns am Tisch sass, mit ihrem Gips am Arm, konnte ich sehen, wie ein Hauch von Traurigkeit über ihr Gesicht huschte.

Wir rieten ihr, nachts einen Stock mit ans Bett zu nehmen, um sich notfalls bemerkbar machen zu können. «Wir hören dich», sagten wir, «wenn du auf den Boden klopfst!»

Ein paar Tage später wurde ihre jüngste Tochter, die in Oberwil wohnte, am frühen Morgen von einem lauten Geräusch aufgeschreckt. «Waren das Fenster und Türen, die eben zugeschlagen wurden?», fragte sie sich erstaunt. «Eigenartig, das muss der der Wind sein!» In diesem Moment hörte sie deutlich, wie in der Küche Schubladen laut geöffnet und wieder geschlossen wurden. Da erhob sie sich vom Bett, um nachzusehen, ob eines ihrer Kinder aufgestanden war. Bei einem Kontrollgang durchs Haus konnte sie aber nichts Aussergewöhnliches feststellen und die Kinder schliefen noch tief.

War das ein Zeichen ihrer Mutter? Sie ahnte nicht, was zu diesem Zeitpunkt geschehen war ...

An jenem Morgen erschien Grossmutter nicht zum Frühstück. Sie ist nicht mehr aufgewacht. Ihr Stock lag am Boden, neben dem Bett.

GROSSMUTTERS NÄHSTUBE

Eine Familie mit drei Kindern und einem Hund interessiert sich jetzt für unsere Liegenschaft. «Ich kenne das Quartier», hat die Frau am Telefon gesagt. «Die unmittelbare Nähe des Kannenfeldparks wäre ein Segen für unsere Kinder, schon lange haben wir so etwas gesucht.»

Am folgenden Tag erscheint die Familie vollzählig, samt Hund, pünktlich zur verabredeten Zeit.

Diesmal beginnen wir mit der Besichtigung in der ehemaligen Wohnung meiner Grosseltern. Der Vater nimmt das jüngste Kind aus dem Buggy und trägt es auf dem Arm hoch.

Nach einem ersten Augenschein schlägt er vor: «Im hinteren Zimmer könnten die beiden Buben schlafen und das kleine Zimmer, zwischen Wohn- und Elternschlafzimmer, wäre ideal für unsere Jüngste.»

Dieser kleine Raum, das Stübli, war das Arbeitszimmer unserer Grossmutter. In der Ecke, nahe beim Fenster, stand ihre Nähmaschine und daneben die Schneiderbüste, an der sie ihre Modelle begutachtete. Auf dem Sims stand eine Reihe kleiner Schachteln mit Knöpfen, die sorgfältig nach Grösse und Farbe geordnet waren. Am besten gefielen mir die runden Messingknöpfe; wenn Sonnenstrahlen ins Zimmer fielen, leuchteten sie wie kleine Goldkugeln.

Auf den Regalen im Schrank waren Berge verschiedenster Stoffe aufgetürmt. Auch farbige Bordüren und Brokatspitzen hatte Grossmutter dort aufbewahrt. Manchmal wühlte ich in einer Schachtel mit Stoffresten. Jedes Plätzchen fühlte sich beim Betasten anders an. Die weichen Wollstoffe hatte ich am liebsten. Samt und Manchester mochte ich nicht berühren, denn jedes Mal, wenn ich mit der flachen Hand darüber fuhr, bekam ich eine Gänsehaut.

Plötzlich springt der Hund an mir hoch und zupft an meiner Hose. Ich drehe mich um und wundere mich, wo die Familie geblieben ist. War ich wieder einmal zu lange in meine Gedanken vertieft?

Ich folge dem Hund in die Küche und von dort auf die Terrasse, wo die ganze Familie in Reih und Glied am Geländer steht. Enttäuscht blicken sie in die Tiefe: Anstelle des Hinterhofs hatten sie sich einen Garten vorgestellt!

TEENAGERTRÄUME

Auf einem Holzgestell im Keller steht noch eine Anzahl verstaubter Sterilisiergläser mit ausgeleierten roten Gummiringen. Daneben riesige Metallgefässe, worin Mutter einst das Obst sterilisierte, aus dem sie während der Wintermonate Aprikosen-, Birnen- und Zwetschgenkompott zubereitete. Tiefkühltruhen für den privaten Haushalt gab es noch nicht und einen Kühlschrank besassen nur unsere Grosseltern. Im Sommer durften wir dort unsere Milch aufbewahren, die Butter legten wir in eine Schale mit kaltem Wasser. Unsere Grosseltern besassen auch als einzige im Haus ein Telefon. Der schwarze Bakelitapparat mit der Drehscheibe und dem grossen Hörer, hing hinter der Eingangstür an der Wand. Bei jedem Anruf, der für unsere Familie bestimmt war, dröhnte es laut durchs Treppenhaus: «Heleeeen!» Und meine Mutter rannte in den zweiten Stock hoch.

Als meine Röcke immer kürzer wurden und ich keine blauen Kleider mehr tragen wollte, dienten mir die grossen Metallgefässe, um Gelatinewasser aufzukochen. In dieser Brühe stärkte ich meine Unterröcke, die am Sonntag in der Kirche bei jedem sich Hinsetzen so laut knisterten, dass sich die Leute nach mir umdrehten.

Eine kleine Pfanne benötigte ich für meine Wachswickler, die damals die neuste Errungenschaft waren, über die sich nicht nur meine Schwestern, sondern auch meine Mutter freute. Endlich Schluss mit den lästigen Metallwicklern und der straff sitzenden Plastikhaube mit dem langen Schlauch, dessen Ende wir über den Föhn stülpten und diesen in eine Vase steckten, damit wir uns während des Trocknungsprozesses mit einer Illustrierten in der Hand auf einen Stuhl setzen konnten. Bequem wie beim Coiffeur. Aber so richtig gemütlich war es eben doch nicht, denn die heisse Luft blies unerbärmlich auf unsere Kopfhaut!

Mit den Kunststoffwicklern fand diese Qual ein Ende. Sie wurden in kochendes Wasser gelegt, bis sich das Wachs verflüssigt hatte, danach drehten wir einzelne Haarsträhnen um die heissen Wickler und befestigten sie mit einer Klammer. Bereits nach wenigen Minuten erschien im Spiegelbild die gewünschte Lockenfrisur, die durch anschliessendes Toupieren noch deutlich mehr Volumen bekam.

Nicht nur meine Frisur und meinen Kleiderstil wollte ich ändern, auch mein Name passte mir nicht mehr. So viele schöne Mädchennamen gab es doch: Daniela, Christina, Caroline ... Warum ausgerechnet Heidi? Meine Freundin hiess auch Heidi und drei weitere Heidis sassen in meiner Klasse ... Ich begnügte mich mit einer kleinen Änderung. Anstelle eines gewöhnlichen i setzte ich fortan am Ende meines Namens ein Ypsilon.

Langsam begann ich mich auch für Wimperntusche und Lippenstift zu interessieren, worauf die Anzahl Telefonanrufe rapid anstieg, sodass sich meine Eltern gezwungen sahen, einen eigenen Apparat anzuschaffen.

Die Möbel im Mädchenschlafzimmer wurden umgestellt. Zwischen den beiden Fenstern hingen jetzt Bücherregale und darunter stand ein rotes Kästchen mit einem Plattenspieler.

Unsere Sammlung bestand aus ein paar wenigen 45er Scheiben, die wir uns immer wieder anhörten. Spasseshalber auch mal auf 78 Touren.

Wenn der *River Quai Marsch* ertönte, pfiffen wir die Melodie mit und zu den Hits von Elvis Presley übten wir uns im Rock'n'Roll, bis die Wände zitterten und der alte Holzboden krachte. Aber sobald Elvis *Love Me Tender* hauchte, wurde es still im Zimmer und wir begannen mit offenen Augen zu träumen.

Sail Along Silvery Moon kannte ich auswendig: *Eine Reise ins Glück, wünsche ich mir so sehr – eine Reise ins Glück an das blaue Meer* – wie oft habe ich mir diesen Schlager angehört und gehofft, es möge bald einer kommen und mich auf diese Reise mitnehmen ...

Zur selben Zeit begannen sich die Jungs nach mir umzudrehen und von den Gerüsten bei den Baustellen winkten mir dunkelhaarige, braungebrannte Männer mit nackten Oberkörpern zu. Während sie mir unverhohlen nachblickten, riefen sie lachend: «Ciao, bella bionda!» Und wenn der Lärm der Betonmaschinen einen Moment verstummte, hörte ich sie singen *Marina, Marina* ... oder *Ciao, ciao, bambina* ...

«Das sind die Fremdarbeiter», sagte meine Mutter. «Die kommen aus Italien.»

Da wusste ich, es gibt ein Land, wo die Menschen fröhlicher sind als bei uns.

Teenagerträume: Heidi im hellen Pullover

SPRACHAUFENTHALT

Italien musste warten!

Wichtig ist die französische Sprache, waren meine Eltern überzeugt. Nachdem meine Schwestern ein Jahr in einem Institut in Marseille verbracht hatten, blühte mir ein ähnliches Los. Zusammen mit meiner Freundin landete ich als Volontärin in einem Nonnenkloster in Bordeaux. Der katholische Verein *Pro Filia* vermittelte diese Stellen.

Morgens mussten wir den betagten Pensionärinnen, die ihren Lebensabend im Kloster verbrachten, das Frühstück servieren und anschliessend ihre Zimmer sauber machen. Mère Dorli, eine liebenswürdige alte Nonne, erteilte uns am Nachmittag Französischunterricht.

Der Klostergarten war von hohen Mauern umgeben, sodass wir keinerlei Kontakt zur Aussenwelt hatten. Einziger Mann im Haus war der Pfarrer.

Es dauerte eine ganze Weile, bis wir uns an die hohen Räume und die endlos langen Gänge im Klostergebäude gewöhnt hatten. Wenn nachts auf der Strasse die Sirenen heulten, dachte ich an die Ereignisse, von denen meine Schwestern aus Marseille berichtet hatten. Von Mädchenhandel hatten sie erzählt! Immer wieder kam es vor, dass junge Mädchen aus der Hafenstadt verschwanden und später in einem Harem bei einem Scheich im Orient landeten.

In Begleitung zweier älterer Jungfern, durften wir ab und zu am Sonntagnachmittag einen Spaziergang durchs Zentrum von Bordeaux machen. Emilie war eine kleine, zierliche Frau mit kurzem grauem Haar und einem Mäuschengesicht. Unscheinbar wirkte sie neben Honorée, die mit ihrer massigen Figur und dem grossen Kopf breitspurig neben ihr herschritt. Honorées Gesicht war mit Bartstoppeln übersät und ihr braunes Haar hatte sie zu dicken Schnecken geformt, die sie über den Ohren befestigte. Stets sass ein schwarzer Filzhut auf ihrem Kopf und unter dem Faltenrock kamen zwei stämmige Beine zum Vorschein, die in einem Paar klobigen Schnürschuhen steckten. Mit beiden Frauen im Schlepptau zogen wir los.

«Bonjour mesdemoiselles, comment allez-vous?», wollten zwei junge Soldaten wissen, die plötzlich neben uns hergingen und uns in eine Konversation verwickelten. Schlau, wie die beiden waren, erfassten sie rasch die Situation, bezogen Emilie und Honorée ebenfalls ins Gespräch ein und wichen nicht mehr von unseren Fersen.

Für den folgenden Sonntag luden sie uns ins Kino ein. Erstaunlicherweise erhielten wir die Erlaubnis der Klosterfrauen. Bedingung war allerdings die Begleitung der üblichen Aufsichtsdamen, die offenbar gerne die Gelegenheit wahrnahmen, sich einen Film anzusehen. Ob sie auch bemerkt haben, dass die Soldaten ihren Arm um unsere Schultern legten, als das Licht ausging?

Wenige Tage später sassen wir gelangweilt in unserem Zimmer mit einer *Gauloise bleue* in der Hand. Da hörten wir plötzlich Schritte im Gang. Gerade noch rechtzeitig konnten wir unsere Zigaretten verstecken, bevor Mère Superieure höchstpersönlich das Zimmer betrat. Ihre ernste Miene versprach nichts Gutes. Sie hielt zwei Briefe in der Hand. «Mes chères petites», begann sie mit besorgter Stimme, «leider sah ich mich gezwungen, diese Briefe zu öffnen. Ich kann ja verstehen, was den Soldaten alles durch den Kopf geht, wenn sie lange Zeit, fern von ihren Familien, in der Kaserne leben. Aber diese Briefe ... je regrette – ich kann sie euch unmöglich geben, und ein weiterer Ausgang mit den beiden kommt nicht mehr infrage!» Enttäuscht blickten wir zu unseren Briefen, die sie fest in der Hand hielt. «Mais je vous promets une belle promenade pour dimanche prochain.» Mit diesem Versprechen verabschiedete sie sich und entschwand mit beiden Briefen. Während sie durch den langen Gang ging, lauschten wir auf ihre Schritte, bis sie restlos verklungen waren. Dann griffen wir erneut nach unseren Zigaretten und waren gespannt, wohin uns der Ausflug am kommenden Sonntag führen würde.

Sand, nichts als Sand, soweit das Auge reichte und ein strahlend blauer Himmel. Wellenförmig breitete sich die Dünenlandschaft von Arcachon vor uns aus. Rasch zog ich meine Schuhe aus und begann den Hügel hochzulaufen. Meine Freundin rannte hinter mir her und holte mich bald ein, auch sie hatte sich ihrer Schuhe entledigt. Hand in Hand stiegen wir den Hügel hoch. Herrlich fühlte sich der warme Sand unter unseren Fussohlen an. Übermütig drehten wir uns im Kreise und bestaunten die wunderbare Dünenlandschaft, die der Wind im Laufe von vielen tausend Jahren geformt hatte. Wir nahmen eine Handvoll Sand auf und liessen ihn genussvoll durch die Finger rieseln.

Völlig ausser Atem kamen wir oben an. Lange hatten wir uns auf diesen Moment gefreut und jetzt, da er endlich gekommen war, waren wir ergriffen vom Anblick der unendlichen Weite des azurblauen Meers, das zu unseren Füssen lag.

Wortlos blieben wir nebeneinander auf dem weichen Boden sitzen, rochen den salzigen Duft des Meeres und hörten das Wasser rauschen. Ab und zu war ein leichter Wellengang in Ufernähe zu beobachten.

Ein paar Möwen flogen kreischend übers Wasser und liessen sich auf einem Segelboot nieder. Wir stellten uns vor, wie schön es wäre, mit ihnen zu ziehen, auf eine ferne Insel mit hohen Felsenklippen und fremdartiger Vegetation. Ob die beiden Soldaten auch mitkämen?

Eine ganze Weile fantasierten wir weiter, bis wir aus der Ferne die Stimmen von Emilie und Honorée vernahmen, die uns aus unseren Träumen wachrüttelten.

BESUCH EINES VERTRETERS

Zurück von meinem Frankreichaufenthalt, war die ganze Familie wieder vereint zu Hause.

«Räumt die Stube auf und macht den Tisch frei!», sagte Mutter eines Tages nach dem Mittagessen. Diesmal war es nicht ein unerwarteter Besuch des Pfarrers, der Mutter in helle Aufregung versetzte. Sie erwartete einen Vertreter der *Leinenweberei Langenthal*.

Kaum hatte sie die Küche rein gemacht, stand er vor der Tür. Ein Herr mittleren Alters, mit Anzug, Krawatte, polierten Schuhen und typischem Vertreterlächeln trat ein. Er legte seinen Koffer auf den Stubentisch, daneben einen grossen Bestellblock und setzte sich. Mutter nahm neben ihm Platz und wir drei setzten uns gegenüber auf die Eckbank. Für das Elternschlafzimmer benötigte sie neue Bettwäsche. Der Mann entnahm seinem grossen Koffer eine Anzahl Muster und breitete sie vor uns aus. Mit ernster Miene pries er die hohe Qualität seiner Ware an. Mutter wählte ein paar Laken sowie zwei Decken- und Kissenanzüge. Alles in Weiss. Eine Kombination mit Orchideenblüten und eine mit Maiglöckchen.

Danach schaute der Vertreter zu uns hinüber, wobei sich sein Gesicht wieder aufhellte.

Drei junge Töchter – mindestens eine davon im heiratsfähigen Alter – das passierte ihm nicht alle Tage. Sein Blick blieb auf der ältesten ruhen. «Es lohnt sich in jedem Fall, für die zukünftige Aussteuer schon jetzt einen Vertrag abzuschliessen», sagte er mit überzeugender Stimme, «in den kommenden Jahren wird die Ware wesentlich teurer – wenn Sie sich jetzt dazu entschliessen, können Sie von den aktuellen Preisen profitieren!» Als Mutter ihm beipflichtete, öffnete er erneut seinen Koffer und packte weitere Muster aus: Leinen- und Halbleinenstoffe für die Laken, auf Wunsch mit farbigem Hohlsaum oder Monogramm, eine ganze Palette karierter und gestreifter Küchentücher, weisse Gläsertücher in feinstem Leinen und eine grosse Auswahl an Frottierwäsche in verschiedenen Farbtönen.

Vreni fiel die Entscheidung schwer, sie fühlte sich von der Angelegenheit etwas überrumpelt.

Am späten Nachmittag packte der Vertreter seine Ware wieder ein. Ausser der Bestellung für Mutters Bettwäsche, hatte er einen Vertrag für eine komplette Wäscheaussteuer im Sack. Bloss ein Bräutigam war nirgends in Sicht!

DER REGISSEUR

Etwa siebzehn war ich, als mich ein entfernt verwandter Onkel anrief und fragte, ob ich Lust hätte, bei einem Reklamefilm mitzuwirken. Es handelte sich um Werbung für *Raichle* Skischuhe. Kurz zuvor hatte ich just von dieser Marke ein Paar Skischuhe gekauft. Meine ersten. Auf einem Hügel in Davos hatte ich auf geliehenen Skiern während Stunden Stemmbögen geübt. Mit jedem Tag wurde ich etwas mutiger, raste mit Begeisterung die blaue Piste hinunter und kam mit einem langgezogenen Stemmbogen zum Stillstand oder liess mich ganz einfach in den frischen Schnee fallen. Diese Abfahrten hatte ich noch in bester Erinnerung, als der Anruf kam. Auch die rasante Schlittenfahrt mit meiner Freundin und ein paar Jungs, sowie die gemütlichen Stunden beim Après Ski, als sich Hazy Osterwald nach seinem Auftritt mit dem Kriminaltango zu uns an den Tisch setzte. Es waren herrliche Ferien, und mit meinen *Raichle* Skischuhen war ich eigentlich ganz zufrieden.

Und nun bot sich sogar die Gelegenheit, mit diesen Schuhen vor einer Kamera zu stehen! Diese Erfahrung reizte mich. Ich habe gleich zugesagt.

Der Film wurde an einem Wochenende in einem Saal der Mustermesse gedreht. Junge hübsche Mädchen – Balletteusen vom Stadttheater Basel – wirkten auch beim Film mit. Mein Onkel betätigte sich als Kameramann und führte zugleich Regie.

Ob wir während der Aufnahmen die Skischuhe an den Füssen hatten oder in den Händen hielten, weiss ich nicht mehr, aber woran ich mich noch gut erinnere: Am zweiten Drehtag trat der Chef des Schuhgeschäfts *Deiss* in Erscheinung. Ein grosser Mann mit markantem Gesicht, dunklem Haar, elegantem Jackett und einer schwarzumrandeten Brille. Er stellte sich in unsere Mitte. Mit strahlendem Lächeln mussten wir zu ihm hochblicken und – die Hände gegen ihn gerichtet – applaudieren. Diese Szene wurde unzählige Male wiederholt: lächeln, applaudieren, Klappe – lächeln, applaudieren, Klappe ...

Meine Freundin Therese, die das Geschehen aus einer Ecke verfolgt hatte, meinte: «Das Mädchen neben dir spielt sehr gut. Sie hat ein völlig natürliches Lächeln.» Das war Martha – ihre Kolleginnen nannten sie Martheli. Ich fand sie sehr nett. In den Pausen haben wir uns übers Theater unterhalten. Sie gehörte dem Ballettcorps an, durfte aber auch in ein paar Theaterstücken eine Rolle übernehmen. Mein grösster Wunsch war damals, eine Schauspielschule zu besuchen. Martha hat mir Mut gemacht. Sie kannte eine Adresse, wo Rezitationsunterricht erteilt wurde. Allerdings befürchtete ich, dass meine Eltern nichts davon wissen wollten.

Für die Mitwirkung im Film erhielten wir keine Gage, doch es wurde uns eine Premierenfeier mit anschliessendem Nachtessen versprochen. Lange haben wir auf diese Einladung gewartet. Vergeblich. Später habe ich gehört, der Streifen sei vor dem Hauptfilm in einem Kino gelaufen – vermutlich ein einziges Mal. Die Qualität war miserabel! Danach hat sich mein Onkel nicht mehr gemeldet.

Auch Martha hatte ich nicht mehr gesehen, bis zu jenem Tag, als ich sie auf der Leinwand entdeckte. An ihrem Lächeln habe ich sie gleich wiedererkannt: Marthe Keller ist eine berühmte Filmschauspielerin geworden!

BERUFSWAHLQUAL

Die Schauspielschule ging mir nicht mehr aus dem Kopf. Ich erinnerte mich an die Adresse, die mir Martha empfohlen hatte.

An einem freien Nachmittag nahm ich all meinen Mut zusammen und ging dorthin. In einem kahlen Unterrichtsraum sass eine Gruppe junger Leute; ein Mädchen war eben dabei, einen Text zu rezitieren. Die Lehrerin kam auf mich zu, und als ich meinen Wunsch äusserte, bot sie mir an, mich zu ihnen zu setzen. Weitere Texte wurden rezitiert. Nachdem ich eine Weile aufmerksam zugehört hatte, drückte sie mir ein Blatt in die Hand und bat mich, ein Gedicht vorzutragen. Danach riet sie mir, mit den Eltern vorbeizukommen.

«Lerne zuerst etwas Rechtes!», war der Kommentar zu Hause und die Schauspielschule musste ich mir aus dem Kopf schlagen.

Meine erste Berufserfahrung machte ich in einer Apotheke. Jeden Morgen hatte ich dort zuerst die Lavabos und Schaufensterscheiben zu putzen, danach warteten Berge von Medikamenten auf mich, die ich in entsprechende Schubladen einräumen musste. Für den Verkauf waren die Pharma-Assistentinnen zuständig, die damals noch Apothekerhelferinnen hiessen.

Gleichzeitig arbeitete noch eine weitere Praktikantin in der Apotheke. Sie – die Tochter eines Anwalts und

Kunde der Apotheke – interessierte sich ebenfalls für eine Lehrstelle. Der Chef gab ihr den Vorzug und meine Eltern liess er wissen, er habe ab und zu ein Medikament in einer falschen Schublade angetroffen.

Als Erinnerung an meine Praktikumszeit erhielt ich eine Fotografie, auf der mein Chef, zusammen mit den beiden Pharma-Assistentinnen und der zukünftigen Lehrtochter abgebildet war: alle vier in weisser Schürze, vor dem frisch geputzten Schaufenster.

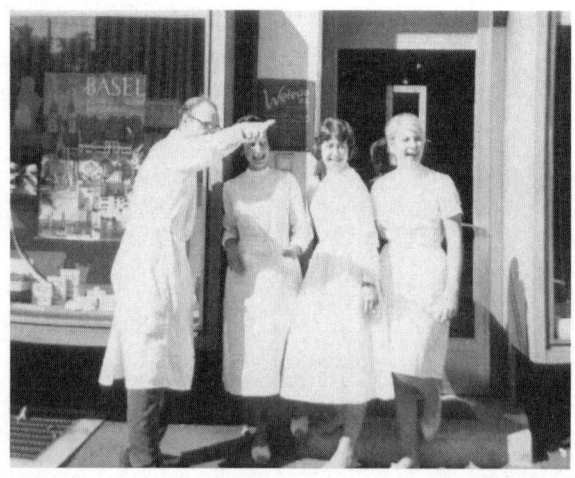

Den zweiten Versuch machte ich in einem Kunstgewerbegeschäft. Der Laden verfügte über eine grosse Auswahl an Keramikvasen, Glaswaren, Batiktüchern, handgewobenen Textilien ...

Meine Lehrmeisterin, eine hochgewachsene Frau von hagerer Gestalt und mit ernstem Gesicht, teilte mir gleich zu Beginn mit, sie hoffe, mein Name bedeute kein schlechtes Omen. Meine Vorgängerin habe auch Heidi geheissen und diese Heidi sei bei der Abschlussprüfung durchgefallen. Eine solche Schande, sagte sie, wolle sie keinesfalls ein zweites Mal erleben.

Da sie das ungute Gefühl nicht losliess, stand ich nach ein paar Wochen erneut vor der Tür. Völlig zerknirscht und unter dem Eindruck, zu nichts fähig zu sein.

«Eine kaufmännische Lehre kommt für mich nicht infrage», sagte ich zu meiner Mutter auf dem Weg zur Berufsberatung. In meinem Kopf hörte ich bereits die Schreibmaschinen klappern ... «Keine zehn Pferde bringen mich auf einen Bürostuhl!» Eine kommunikative Tätigkeit wünschte ich mir.

Nach einem kurzen Gespräch, bei dem sich die Berufsberaterin nach meinen Vorstellungen erkundigte, reichte sie mir ein paar geometrische Figuren, die ich zu einem Quadrat zusammensetzen sollte. In meinem Hirn formte sich ein grosses Fragezeichen. Rechnen konnte ich gut. «Die Note im Rechnen sollte eigentlich nicht in Tinte, sondern in purem Gold geschrieben sein!», bemerkte einmal die Lehrerin, als sie mir das Zeugnis überreichte. Dezimalbrüche und Prozentrechnungen hatte ich gelernt, aber geometrische Figuren??? Unter dem erwartungsvollen Blick der Berufsberaterin schob ich die Figuren auf dem Tisch hin und her, nach oben und nach unten, bis die vorgegebene Zeit verstrichen war. Dann folgte ihr Vorschlag: «Zahnarztgehilfin.» Mir standen die Haare zu Berge! Gleich hatte ich die Szenen der Schulzahnklinik wieder vor Augen ... Und zudem: Wie soll ich mit Leuten kommunizieren, die dauernd mit aufgesperrtem Mund dasitzen?

«Dann eben doch der Verkauf!», meinte die Frau. «Aber es müsste etwas Besonderes sein, zum Beispiel eine Bijouterie.» Das tönte schon besser.

Bei einem welschen Uhrmacher an der Gerbergasse verbrachte ich zwei glückliche Jahre, in denen ich alles Wissenswerte über Silber, Weiss-, Rot- und Gelbgold, über Platin, Edelsteine und Schweizer Uhren lernte. Mit den Schmuckreparaturen stand ich regelmässig im Goldschmiedeatelier der Bijouterie *Zinsstag*, die nur wenige Schritte von unserem Laden entfernt war. Es sah noch genau gleich aus wie damals, als ich Grossvater im Atelier besuchte und er mit seiner dunklen Schürze an der Werkbank sass. Über fünfzig Jahre hatte er dort gesessen, hatte Reparaturen ausgeführt, nach den Wünschen der Kunden Schmuck angefertigt und zahlreichen Lehrlingen das Sägen, Feilen, Löten, Giessen und Schmieden beigebracht. Das war die Welt meines Grossvaters!

Dank der amerikanischen Kundschaft, die sich bei uns im Geschäft grosszügig mit Schweizeruhren eindeckte, verbesserte ich rasch meine Englischkenntnisse, und mit meinem Chef sprach ich fast ausschliesslich französisch. Für meine Aussprache bekam ich viele Komplimente, manche Kunden dachten sogar, französisch sei meine Muttersprache. Da wusste ich, wo meine Stärke lag.

Nach der Lehrabschlussprüfung, die ich mit Erfolg und im Rang bestand, bot mir die Rektorin der Berufsfachschule eine Stelle an: bei ihrer Freundin – in einer Apotheke!

Ich habe dankend abgelehnt.

REISELEITERINNEN

In Vaters Sekretär entdecke ich einen Stoss Agenden, in denen sämtliche Arzttermine und die Geburtstage seiner zehn Enkelkinder notiert sind. Ein Stapel alter Briefe liegt in einem anderen Fach, darunter einige Postkarten von unseren Sprachaufenthalten in Italien und England.

Gross war damals die Vorfreude, als Vreni und mir eine Stelle an der Rezeption eines Hotels in Riccione angeboten wurde.

Doch kurz vor der Abreise traf ein Telegramm mit einer Absage ein. Wir liessen uns nicht entmutigen und fuhren trotzdem voller Hoffnung unserem lang ersehnten Ziel entgegen. Während der Zugreise in Richtung Süden, repetierten wir die paar Sätze, die wir bei der Signora Pescio im Italienischunterricht gelernt hatten. Niemals hätte ich gedacht, dass ich später einmal selber diese Sprache unterrichten würde.

Wir hatten Glück und fanden bald eine Stelle als Reiseleiterinnen bei *Hotelplan*.

Nach einem persönlichen Gespräch mit dem Capo im Hauptbüro in Rimini, wurden wir mit hellgrünen Uniformen und weissen Blusen ausgestattet. Strümpfe und schwarze Schuhe mit Absätzen waren – auch bei grösster Hitze! – obligatorisch.

Wir kümmerten uns um das Wohlergehen der Gäste in verschiedenen Hotels an der Adria und begleiteten sie zu den Sehenswürdigkeiten in Venedig, San Marino, Ravenna ...

Vieles war neu für uns in diesem Land. Eigenartig fanden wir anfänglich die winzigen Tassen an der Kaffeebar, die nach einem Schluck bereits leer waren und so ganz anders schmeckten als der gewohnte Milchkaffee von zuhause. «Macchiato o liscio?», fragten die Kellner. Zu Beginn tranken wir ihn macchiato, mit etwas Milch. «È solo per tenere il gusto in bocca!» – nur um den Geschmack im Mund zu behalten – erklärten uns die camerieri, während sie die Zwergentassen auf die Theke stellten und ein herrlicher Kaffeeduft in unsere Nasen stieg. Wie ein Spiegel glänzte der Marmorboden unter unseren Füssen und an der Decke prunkte ein Leuchter aus Muranoglas. Hinter der Bar war ununterbrochen das Ausklopfen der Kolben mit dem Kaffeesatz zu hören. Das Klappern der Tassen und Löffel sowie das lebhafte Plaudern der gestikulierenden Gäste gehörten ebenfalls dazu.

Nach kurzer Zeit hatten wir uns an das starke Gebräu gewöhnt, tranken den Espresso sogar liscio – ohne Milch – und kratzten genussvoll den restlichen Schaum vom Tassenrand.

Auch den verführerischen, warmen Brioches, gefüllt mit Marmelade oder Vanillecrème, die auf einem Gitterrost im Glaskasten ausgestellt waren, konnten wir nicht widerstehen.

«Lo scontrino, signorina!», riefen uns die Kellner nach, wenn wir beim Weggehen vergessen hatten, den Kassenbon mitzunehmen: Vor der Steuerbehörde haben die Italiener grossen Respekt!

Der feine Kaffeegeschmack blieb tatsächlich noch eine ganze Weile im Mund, und bald wunderten wir uns über die zahlreichen Schilder mit der Aufschrift: *Hier gibt es echten deutschen Bohnenkaffee!*

Im Gegensatz zum Kaffee, mussten wir uns beim Essen an die grosszügigen Portionen von Antipasto, Primo, Secondo und Dolce gewöhnen – und gleichzeitig darauf achten, dass unsere knapp bemessenen Uniformen nicht aus den Nähten platzten. Wir bemühten uns, die Spaghetti sorgfältig um die Gabel zu drehen, damit kein Pomodorospritzer auf unseren blütenweissen Blusen landete.

An den Wochenenden fuhren wir oft per Zug in die Schweiz, um neue Feriengäste in Zürich oder Basel abzuholen. Während der Reise richteten wir, zusammen mit den Angestellten des Waggon-Restaurants, auf Plastiktellern den Imbiss für die Fahrgäste. Nachdem ich gesehen hatte, wie ein kleiner gewitzter Italiener ab und zu mit einem schelmischen Grinsen auf eine Salamischeibe spuckte, habe ich lange Zeit keine abgepackten Mahlzeiten mehr angerührt.

Auf der Rückreise hielt der Zug in Chiasso. Um der obligaten Zollkontrolle zu entgehen, stellten wir uns meistens schlafend. Doch einmal, ausgerechnet als ich mich alleine im Abteil befand, hat diese Strategie nicht geklappt. Mit lautem Karacho wurde die Tür zurückgeschoben und das Licht angezündet. Vor mir stand der Zöllner: «Il passaporto, per favore!» Ich streckte ihm den Pass hin. Nach einem prüfenden Blick gab er ihn mir zurück – und dann geschah das Unfassbare: Er blickte zur Ablage hoch und wollte den Inhalt der Tasche sehen.

Darin befanden sich mehrere Stangen Zigaretten: *Marlboro, Parisienne, Mary Long* ... «Die sind nicht für mich», versuchte ich mich zu rechtfertigen, «ich rauche ja nicht – sie sind für meine italienischen Freunde.» «Bleiben Sie hier und warten Sie einen Moment!», befahl er mit ernster Miene und entfernte sich. Die Tür liess er offen.

Bange Minuten des Wartens vergingen. Langsam leerte sich der Bahnsteig und ich sah den Zollbeamten hinter einer Tür verschwinden. Dann setzte sich der Zug wieder in Bewegung.

Einmal blieben wir mitten in der Nacht vor dem Bahnhof von Bologna stehen. Eine grosse Schachtel unbekannten Inhalts lag auf der Schiene. Viele Fahrgäste erwachten und streckten ihre verschlafenen Köpfe aus den Zugabteilen. Einige gingen aufgeregt im Gang hin und her und wollten unbedingt wissen, was los war.

Es dauerte mehrere Stunden, bis der Zug endlich wieder losfuhr.

Die Schachtel war mit Bananen gefüllt!

EINE HANDVOLL SIXPENCE

England war unser nächstes Ziel!

Per Zug fuhr ich mit meiner Schwester Vreni nach Calais und von dort überquerten wir mit dem Schiff den Ärmelkanal. Während der Überfahrt nach Dover fand die Zollkontrolle statt. Eine längere Befragung mussten wir über uns ergehen lassen. Den Grund unserer Reise und die Adresse unserer Unterkunft wollte der Zollbeamte wissen, bevor er uns eine dreimonatige Aufenthaltsbewilligung erteilte, die wir nutzen wollten, um unsere Englischkenntnisse aufzubessern.

Nach der Ankunft in London verbrachten wir die ersten Tage bei einer englischen Familie, die uns von Freunden empfohlen wurde. Sie wohnte in einem kleinen, schmucken Backsteinhaus, das gleich aussah wie alle anderen Backsteinhäuser jener Strasse. Für wenig Geld erhielten wir dort Kost und Logis. Die Leute waren sehr gastfreundlich, aber der Staub über den zahlreichen Requisiten auf dem Kaminsims und der tägliche Rosenkohl im Teller, trieben uns dazu, möglichst rasch eine andere Unterkunft zu suchen.

Für eine bescheidene Miete kamen wir bei einer jüdischen Witwe in einem Aussenquartier unter. Die kleine Wohnung entsprach unseren damaligen Ansprüchen – ausser der Heizung. Wir froren dauernd. Abends wärmten wir uns mit einer heissen Suppe auf oder wir warfen beim Backofen ein paar Sixpence ein und setzten uns vor die offene Ofentür, bis unsere Wangen glühten. Zum Englischlernen krochen wir mit unseren Büchern unter die Bettdecke.

Auch unsere Vermieterin fror in ihrer kalten, düsteren Wohnung. Samstags wartete sie geduldig auf unser Erscheinen. Sobald sie uns erblickte, bat sie uns, das Licht anzuzünden und die Heizung aufzudrehen – als Jüdin dürfe sie das am Sabbat nicht.

Im Quartier wohnten viele orthodoxe Juden. Tagsüber begegneten wir oft ihren Kindern, die auf der Strasse spielten. Die Buben trugen ihre traditionelle Kippa und von den Schläfen baumelten lange Zapfenlocken, die beim Herumhüpfen übermütig auf- und abwippten.

Mit einem Sixpence versuchten wir ab und zu in einer der vielen roten Telefonkabinen unsere Eltern anzurufen. Wir steckten die Münze in den Schlitz und wählten die

Nummer. Sobald Mutter den Hörer abnahm, beeilten wir uns zu sagen: «Hallo Mami, uns geht es gut und ...» Manchmal wurde an dieser Stelle die Verbindung bereits unterbrochen. Aber wenn wir Glück hatten – kein Mensch wusste warum – konnten wir ein längeres Gespräch führen. Aus London, für einen Sixpence!

«Folge mir einfach!», rief meine Schwester in der Untergrundbahn, während sie inmitten eines Menschenstroms zügig voranschritt. Vreni kannte sich aus, denn sie hatte bereits früher ein Jahr als Au-pair-Mädchen in London verbracht. Wir marschierten durch lange Gänge, fuhren endlose Rolltreppen rauf und runter, bis wir endlich an der gewünschten Haltestelle ankamen. Banker in dunklen Anzügen, weissen Hemden und Krawatten hasteten an uns vorbei. Elegant gekleidete Damen standen im Zug dicht gedrängt neben Hippies und Punks. Mancher Clochard suchte sich in den Gängen der Underground einen Schlafplatz. Als erstes war mir aufgefallen, dass die gesamte Putzequipe aus Schwarzen bestand. Nüchtern und unfreundlich kam mir diese Unterwelt vor, zudem roch es ähnlich wie bei uns zuhause im Kohlenkeller.

Während der Rushhour konnten wir beobachten, wie einige Engländer beim Verlassen der U-Bahn, anstelle des Tickets, dem Kontrolleur eine Münze in die Hand drückten und die Station nannten, wo sie eingestiegen waren. Diese Idee kam unserer ständigen Geldnot sehr entgegen. Wir entschieden uns daher, es ihnen gleichzutun. Jetzt drückten auch wir dem Kontrolleur beim Ausgang einen

Sixpence in die Hand, sagten zum Beispiel Paddington Station und eilten davon. Während einiger Zeit funktionierte das bestens. Aber eines Tages wurde der Mann am Ausgang skeptisch. Er hielt uns an. «Follow me!», befahl er und führte uns zu seinem Chef. In unseren Köpfen läuteten die Alarmglocken, denn wir wussten, dass Ausländer auch für kleinste Vergehen innert vierundzwanzig Stunden das Land verlassen müssen. Mit ein paar Ausreden: grosse Eile gehabt, nicht genau Bescheid gewusst, gesehen bei den Engländern ... zogen wir uns aus der Affäre.

In einem Old English Restaurant, das vor seiner Eröffnung stand, wurden wir als Singing Waiters engagiert. Der Boden des Lokals war mit Stroh bedeckt und zu unserer Verwunderung standen dort, anstelle der üblichen Esstische, lauter alte Nähmaschinentischchen, die aussahen wie dasjenige unserer Grossmutter. Natürlich ohne Maschine, aber mit dem schwarzen gusseisernen Unterbau, dem Rad und dem breiten Fusspedal.

Die Einrichtung bezog sich auf einen Ausstellungsraum, der die Entwicklung der *Singer* Nähmaschine dokumentierte.

Jsaac Merritt Singer, Schauspieler und Erfinder, brachte 1856 in New York die erste Nähmaschine für den privaten Gebrauch auf den Markt. Seine Firma entwickelte sich bald zum grössten Nähmaschinenproduzenten der Welt. Binnen weniger Jahren wurde er vom Wanderschauspieler zum Millionär. Und zum Frauenheld. Singer war Vater von achtzehn Kindern – mit vier Frauen! Eine seiner Frauen,

Isabella Eugenie Boyer, soll Vorbild für die Freiheitsstatue gewesen sein.

Als sein ausschweifendes Liebesleben publik wurde, war der Ruf seiner Firma bedroht. Er floh deshalb mit seiner Familie nach Europa. Zunächst liess er sich in London nieder, später in Brüssel und Paris. Seine letzten Lebensjahre verbrachte er erneut in England, wo er 1875 an einer Lungenentzündung starb.

Da sich die *Singer* Ausstellung in der Nähe des Restaurants befand, entstand die originelle Idee mit den Nähmaschinentischchen. Passend zur Einrichtung wurden wir mit langen braunen Röcken und weissen Rüschenblusen eingekleidet. Am Vortag der Eröffnung übten wir ein paar Old English Songs, wobei mir das Lied von *Henry XIII* am besten gefiel.

Es war ein kalter nebliger Novemberabend, als es soweit war. Die geladenen Gäste erschienen in Scharen. Sie trugen lange dicke Mäntel und einige Ladys waren in kostbare Pelze gehüllt. Ich nahm den Gästen die Mäntel ab und hängte sie an die Garderobe, die sich in einer Nische in der Mitte des Lokals befand.

Es wurde Champagner serviert. Während der Besitzer des Lokals eine kurze Ansprache hielt, hörte ich plötzlich einen lauten Knall hinter meinem Rücken. Die Garderobenstange hat dem Gewicht nicht standgehalten: Sämtliche Mäntel lagen auf dem Boden!

Nach der Ansprache kam der Chef zu mir und bat mich diskret, vor der Garderobe stehen zu bleiben, damit das Chaos nicht so auffalle.

Mit einem «keep smiling» blieb ich den ganzen Abend wie angewurzelt an derselben Stelle stehen. Ab und zu warfen mir meine Kolleginnen einen mitleidigen Blick zu und fragten teilnahmsvoll: «Shall I bring you a glass of water?»

Die meisten Gäste hatten gar nicht bemerkt, was hinter meinem Rücken passiert war. Sie waren begeistert und voll des Lobes für die gelungene Einrichtung. Es wurde gegessen und getrunken und als die Stimmung ihren Höhepunkt erreicht hatte, sangen sie zusammen mit uns aus voller Kehle:

I am Henry XIII I am, Henry XIII I am, I am.
I've been married to the girl next door, she's been married seven times bevor and everyone was a Henry, she would'nt have e Willy or a Sam
I'm her eights old man named Henry, Henry XIII I am.

Der Abend ging langsam dem Ende zu. Die illustren Gäste erhoben sich vom Tisch und näherten sich der Garderobe, wo ich eifrig damit beschäftigt war, die Mäntel vom Stroh zu befreien. Mit einem «sorry, so sorry» überreichte ich sie den erstaunten Gästen und während sie in die Mäntel schlüpften, zupfte ich noch die letzten Strohhalme weg.

Als wir am folgenden Tag zur Arbeit wollten, standen wir vor geschlossener Tür und wussten sogleich, dass wir unseren Job los waren: Nachts war in der Küche Feuer ausgebrochen!

Die Flammen bahnten sich einen Weg in den Essraum, worauf das Stroh in Kürze lichterloh brannte.

Angesichts unserer bescheidenen finanziellen Mittel, gingen wir sofort wieder auf Stellensuche, was ohne Arbeitsbewilligung ein schwieriges Unterfangen war. Meine Schwester fand eine Stelle in einer Imbissbude und dank der zufälligen Bekanntschaft mit einem Schweizer, bekam auch ich bald wieder einen Job. Edi lebte seit Jahren in London, er war Geschäftsleiter eines Nightclubs im Sohoquartier.

Eine steile Treppe führte hinunter zum *Student Prince Club*, einem Lokal, das von vielen jungen Engländerinnen und Engländern frequentiert wurde. Hinter der Bar lernte ich Drinks mischen und das beliebte Ale Bier – je nach Wunsch – mit viel oder wenig Schaum servieren.

Eine weitere Einnahmequelle fand ich in einer türkischen Fruit and Vegetable Handelsfirma. Meine einzige Aufgabe bestand darin, den beiden Geschäftsführern zur Mittagszeit Tee und ein paar Sandwiches zuzubereiten.

Wenn sich am Nachmittag der Nebel lichtete, schlenderte ich ab und zu mit meiner Schwester durch den Hyde Park. Im Speaker's Corner hörten wir den eifrigen Rednern zu, bis wir an die Zehen froren. Beim anschliessenden Rundgang in einem Shoppingcenter wärmten wir uns wieder auf.

Wir waren überwältigt vom Angebot der Londoner Kaufhäuser. Besonders vornehm ging es im luxuriösen *Harrods* zu. Vor dem Eingang standen Butler in Livrée und weissen Handschuhen. Einst wurden dort die Kundinnen in den oberen Etagen mit einem Schluck Brandy empfangen, damit sie sich von der Fahrt auf der Rolltreppe erholen konnten ...

Ein wahres Einkaufsparadies war dieser *Harrods*! Verführerisch glitzerte es in der Schmuckabteilung und in der Parfümerie wehten uns betörende Düfte entgegen. Von den modischen Kleidern, Schuhen und Taschen konnten wir auch nur träumen, denn dafür reichte eine Handvoll Sixpence nicht.

Abends fuhr ich mit der Underground zum Picadilly Circus. Von dort ging ich zu Fuss durch die belebten Gassen des Soho Quartiers, wo aufgeregt blinkende Leuchtschriften die Aufmerksamkeit der Passanten erregten. Beim *Student Prince Club* tauchte ich hinunter, stellte mich hinter die Bar und wartete auf die ersten Gäste. Bereits nach kurzer Zeit war der Club zum Bersten voll und der Geräuschpegel steigerte sich von Stunde zu Stunde.

Neben der Bar sass Susi* auf einem kleinen Podium hinter zwei Plattenspielern. Pausenlos legte sie die neusten Hits der Beatles und Rolling Stones auf, wozu eifrig das Tanzbein geschwungen wurde. *Name geändert

«Kannst du eine neue Platte auflegen, falls ich nicht rechtzeitig zurück bin?», bat mich Susi eines Abends und rannte davon. Sie war kreidebleich und sah besorgt aus. Auf der Toilette musste sie sich übergeben. Susi war im dritten Monat schwanger und hatte noch keine Ahnung, wie sie das nach der Rückkehr in die Schweiz ihren Eltern beibringen sollte ...

Manche Abende verbrachte Vreni bei mir im Club. Nach Schliessung des Lokals begleitete uns Edi mit seiner

Limousine nach Hause. Allerdings fuhren wir auf dem Heimweg zuerst noch bei mehreren Fish and Chips Shops vorbei, wo er die Tageseinnahmen einkassierte, die er anderntags seinem türkischen Boss abliefern musste.

Eines Abends, als Edi nicht da war, standen meine Schwester und ich spätabends frierend an der Bushaltestelle. Zwei junge Männer kamen in einem Auto angefahren, hielten an und machten uns aufmerksam, dass um diese Zeit kein Bus mehr fahre. Sie boten sich an, uns nach Hause zu begleiten. Da wir von zahlreichen Touristinnen gehört hatten, wie sie mit Rucksack und Schweizerfähnchen problemlos ganz England und Schottland per Autostopp bereist hatten, stiegen wir ohne grosse Bedenken ein.

Aber kaum waren wir losgefahren, merkten wir, dass der Fahrer eine andere Richtung einschlug. Und als die beiden begannen, sich mit gedämpfter Stimme zu unterhalten, beschlich uns ein mulmiges Gefühl.

Zuerst wiesen wir sie mit englischer Höflichkeit darauf hin, dass dies nicht der richtige Weg sei und baten die beiden, uns unverzüglich nach Hause zu bringen. Sie reagierten nicht. Als wir uns bereits auf einer Ausfahrtsstrasse befanden, bekamen wir es mit der Angst zu tun. Unsere Stimmen wurden energischer. Vreni, die besser Englisch sprach als ich, schimpfte so heftig, dass sie die Männer tatsächlich zur Umkehr bewegen konnte.

Mit grosser Erleichterung erkannten wir schon von weitem unser Quartier und waren froh, dass der Fahrer endlich anhielt. Der Beifahrer stieg aus, öffnete die hintere Tür und da folgte bereits die nächste Überraschung. Nachdem meine Schwester ausgestiegen war und ich ihr folgen wollte, stiess er mich zurück und versuchte, die Autotür wieder zu schliessen. Laut protestierend hielt Vreni die Tür fest, da zögerte der Mann kurz – und genau diesen Moment nutzte ich, um aus dem Wagen zu springen.

DIE ZÜGGÍN

Kaum waren die kalten Wintermonate in England vorbei, zog es uns erneut in südliche Gefilde. Und schon sass ich wieder mit meiner Schwester im Zug. Wir sehnten uns nach dem Ambiente, das uns im nebligen London gefehlt hatte. Nach unserer Ankunft in Lugano, stiegen wir ins Funicolare, das uns auf steilem Weg hinunter, mitten ins Zentrum der Altstadt beförderte. Als erstes fielen uns die riesigen Salami auf, die wie schwere Gewichte einer Wanduhr unter den Arkaden hingen. In den engen Gassen herrschte lebhafter Betrieb. Farbenprächtig präsentierten sich die Obst- und Gemüsestände vor den Läden, wo einheimische Frauen die gekaufte Ware in ihre Taschen packten – die Touristen blieben bei den Salami stehen. Ein kräftiger dunkelhaariger Mann rührte mit einer Kelle in einer grossen Kupferpfanne, aus der uns ein feiner Duft entgegenwehte. »Volete un assaggio?«, fragte er, indem er ein wenig Polenta auf einen Teller schöpfte und uns zum Versuchen hinstreckte. So hatten wir uns das Leben hier vorgestellt!

Anstelle von English Tea tranken wir wieder Espresso in schicken Bars mit spiegelnden Marmorböden und prächtigen Kristalllüstern. Wie in Italien wurde auch hier während des Plauderns wild mit den Armen gestikuliert. Inzwischen sprachen wir fliessend italienisch, aber an den Tessinerdialekt mussten wir uns erst gewöhnen. Wir spitzten die Ohren und hörten lauter sü, pü und lü. Anstatt mia figlia hiess die Tochter hier la me tusa, der Sohn ul fiö, die Eltern ma und pa, das Haus nur noch cà, und mit Züggín – Kürbisse! – waren die Deutschschweizer gemeint.

Abgesehen von diesem wenig schmeichelhaften Ausdruck, erlagen wir rasch dem Tessiner Charme.

Vreni fand eine Stelle in einem Reisebüro und ich in einer Bijouterie. Das Geschäft war nur wenige Schritte von der Piazza Riforma entfernt, wo sich die «Tifosi» des FC Lugano abends im *Caffè Federale* zum obligaten Campari trafen – manchmal wurden es auch zwei oder drei, denn das gegenüberliegende Olympia musste auch berücksichtigt werden. Als Vorstandsmitglied des FC Lugano war mein Chef auch stets dabei. An seiner Seite erlebte ich meinen ersten Fussballmatch. Es war an einem Sonntag, als der FCB nach Lugano kam.

Begeistert fieberte ich während des ganzen Spiels mit und freute mich riesig über den Sieg der Spieler im schwarzweissen Dress, die ich bis zum Schluss für die Basler hielt. Erst am Abend, als im Centro vor sämtlichen Bars die Siegesfahnen wehten, ging mir ein Licht auf: Ich hatte für die falsche Mannschaft applaudiert!

An den Wochenenden stürzten wir uns ins erfrischende Wasser des Luganersees, machten Spritzfahrten mit Freunden auf einem Boot oder setzten uns in einem Grotto unter die schattige Pergola. Vor uns Formaggini, Salametti, Boccalini mit Barbera und im Hintergrund die dumpfen Töne der Bocciakugeln. Zwischendurch drangen hitzige

Diskussionen an unsere Ohren, gespickt mit sü und pü und lü. An manchen Tagen blieben wir bis spät am Abend am Granittisch sitzen. Wir genossen das fröhliche Leben, das sich vorwiegend draussen abspielte – und bis zum Ende des Sommers hatte ich mich nicht nur ins Tessiner Ambiente verliebt.

Ein paar Monate später stand ein Rekrut in Uniform mit einem Blumenstrauss vor der Haustür an der Lenzgasse. Von jenem Tag an war er regelmässig bei uns zu Gast – und seine Eltern mussten sich an den Gedanken gewöhnen, dass das Herz ihres Sohnes fortan für eine «Züggín» schlug.

O TANNENBAUM

Eine Weile war es ruhig in der Wohnung unserer Eltern. Ein Kind ums andere war ausgezogen. Doch bereits nach wenigen Jahren kam wieder Leben ins Haus. Zu ihrer grossen Freude gab es fast jedes Jahr Nachwuchs und meine Mutter hatte erneut alle Hände voll zu tun. Die grosse Schar Enkelkinder war jederzeit willkommen!

Ein besonderes Erlebnis war jeweils das Weihnachtsfest. Wenn die ganze Familie – mit den Kleinsten auf dem Schoss – dicht gedrängt vor dem Tannenbaum sass und beim Erschallen der Lieder aus zwanzig Kehlen die Silberfäden am Baum erzitterten ...

Weihnachten war für mich seit jeher das schönste Fest. Voller Erwartung fieberte ich am Heiligen Abend mit meinen Geschwistern dem Moment entgegen, in dem endlich die Stubentür geöffnet wurde und wir staunend im Scheine der Kerzen vor dem geschmückten Weihnachtsbaum standen.

Auf dem ausgezogenen Esstisch lagen reihenweise Geschenke, die Vater mit einem weissen Laken zugedeckt hatte, damit wir während des Singens und Blockflötenspielens nicht zu sehr abgelenkt waren. Die Krippe auf dem Buffet, bei der auf Knopfdruck ein winziges Glühlämpchen das Jesuskind beleuchtete, faszinierte uns immer wieder aufs Neue. Natürlich war die Bescherung für uns Kinder der Höhepunkt. Je nach Erfüllung der Wünsche gab es strahlende, manchmal aber auch etwas enttäuschte Gesichter.

Nachdem alle Geschenke ausgepackt, das Papier sorgfältig zusammengefaltet und die Bänder aufgerollt waren, wurde das traditionelle Weihnachtsessen aufgetischt: Rollschinken, Zunge, Pommes Frites und Bohnen. Auch Mutters Rüeblitorte durfte nicht fehlen!

Nach dem Essen wurde angeregt geplaudert. Sogar Vater, der sonst nicht besonders redselig war, erzählte uns ein paar Erlebnisse aus seiner Jugendzeit. Eine Episode, die wir immer wieder hören wollten, war die Szene vom Kino *Alhambra*. Vater sah sich dort einen Liebesfilm an. In dem Moment, als sich das Paar auf der Leinwand näher kam – was immer das zur damaligen Zeit heissen mochte -, spürte er einen warmen Hauch im Nacken. Er erinnerte sich, dass auf dem Stuhl hinter ihm eine Dame sass, traute sich aber nicht umzudrehen. Bei einer weiteren intimen Szene – ein Kuss? – wurde dieser Hauch noch deutlich wärmer. Als ihn dann plötzlich eine Zunge am Hals leckte, drehte er sich empört um und sah, was er zuvor nicht bemerkt hatte: Die Dame hielt ein Hündchen auf dem Schoss!

Lange blieben wir zusammen am Tisch sitzen. Der Wein und das Gläschen Kirsch hatten Vater vermutlich die Zunge gelöst.

Am Weihnachtsmorgen, wenn die übrigen Familienmitglieder noch schliefen, ging ich leise in die Stube, um meine Geschenke nochmals in aller Ruhe zu betrachten. Einmal erhielten wir von den Grosseltern silberne Becher, auf denen der Anfangsbuchstabe unserer Namen eingraviert war.

Den Inhalt des Geschenks meiner Patin erkannte ich – alle Jahre wieder! – an der langen rechteckigen Form der Schachtel: Zwischen zwei Schichten hellblauer Watte lag ein Silberlöffel, eine Gabel oder ein Messer mit dem *La Suisse* Muster von *Jetzler*, für meine zukünftige Aussteuer. Mit einem ganz besonderen Geschenk hat uns einmal Grossvater überrascht. Gespannt habe ich die kleine schwarze Schatulle mit dem winzigen Klappverschluss geöffnet: Auf dunkelrotem Satinstoff glänzten sechs silberne Mokkalöffelchen, deren vorderer Teil vergoldet war. Wie eine Schatztruhe kam mir diese Schatulle vor, die ich immer wieder öffnete und den kostbaren Inhalt bewunderte.

Von den Eltern erhielten wir meistens ein Buch, eine neue Flöte oder ein paar Gesellschaftsspiele. Stundenlang konnten wir uns dann bei Eile mit Weile, mit dem Mühle- oder dem Gänsespiel verweilen.

Auch über die Bücher haben wir uns gefreut, besonders gut hat uns «Im Dutzend billiger» gefallen. Das Buch handelte von einer Familie, die noch viel grösser war als die unsrige. Wenn Mutter uns daraus vorlas, haben wir gespannt zugehört und waren begeistert von den originellen Ideen, die sich dieser Vater für seine zwölf Kinder täglich neu ausdachte.

Nach dem Begutachten meiner Geschenke stellte ich mich jeweils vor den Weihnachtsbaum und blickte in die farbigen Kugeln, dabei amüsierte ich mich, wenn sich mein Gesicht – je nach Distanz und Bewegung – wie in einem Spiegelkabinett verzerrte.

Am Weihnachtsabend versammelte sich die ganze Verwandtschaft bei den Grosseltern im zweiten Stock. Dort wurde nochmals gesungen und musiziert. Sobald Mutter sich ans Klavier setzte und ihre Finger über die Tasten glitten, wurde es andächtig still im Raum. Während sie *Die Weihnachtsglocken* spielte, wurde mir ganz feierlich zu Mute. Bei den hohen Tönen kam es mir vor, als würden Engel im Himmel mit ihren Glöcklein bimmeln. Diese Töne klangen noch lange in meinen Ohren nach. Leider hörte ich Mutter nur selten spielen, denn in unserer Wohnung hatte kein Klavier Platz.

DIE BLOCHMASCHINE

Im Garten stehen jetzt zwei Container, die bis zur Hälfte gefüllt sind. Ein Zipfel von Vaters Militärmantel schaut unter einem zertrümmerten Holzkasten hervor. Der Apothekerschrank, Vaters Werkzeugkasten und eine Anzahl leerer Ordner liegen auch dort. Und das Reliefkupferbild mit den Fischerbooten, das im Wohnzimmer über der Polstergruppe hing. Gleich daneben liegt die schwarze venezianische Gondel mit den Goldverzierungen, die unsere Eltern einst als Andenken von einer Italienreise mitgebracht hatten. Jahrelang stand sie auf dem Buffet. Ein echter Staubfänger. Und doch tut mir die Gondel im Container leid, sie erinnert mich an meine erste Fahrt auf dem Canale Grande. Einen Moment überlege ich, ob ich sie mitnehmen soll – lasse es dann aber bleiben.

Im anderen Container liegt der aufgerollte Spannteppich, der vor ein paar Tagen aus unserem Wohnzimmer entfernt wurde. Ein matter Parkettboden ist darunter zum Vorschein gekommen. Vom damaligen Hochglanz keine Spur mehr!

Stundenlang hatte sich Mutter früher kniend auf dem Boden abgerackert und mit der Stahlwolle Flecken vom Parkett entfernt. Ein paar Mal wollte ich ihr dabei helfen, war aber nach kurzer Zeit völlig erschöpft. Diese mühsame Arbeit war an jenem Tag zu Ende, als eine Blochmaschine ins Haus kam. Ein grosser schwerer Apparat mit verschiedenen rotierenden Bürsten, die nach jedem Arbeitsgang ausgewechselt wurden. Wir waren begeistert von dieser Maschine, alle wollten sie einmal ausprobieren, sogar draufstehen konnten wir und ein Stückchen mitfahren. Plötzlich machte das Putzen richtig Spass. Nach dem letzten Arbeitsgang, bei dem Mutter flüssige Wichse auf dem Boden verteilte und anschliessend mit den Polierscheiben darüberfuhr, erstrahlte der Parkettboden – wie durch ein Wunder – in neuem Glanz.

DER APOTHEKERSCHRANK

Im Badezimmer sind an der Wand nun die Löcher des abmontierten Apothekerschranks zu sehen. Wie oft hatte Mutter den Fiebermesser aus diesem Kästchen geholt? Wenn die Temperatur 37,5 Grad überstieg, mussten wir nicht zur Schule. Und falls die nötige Temperatur nicht erreicht war, trieben wir durch kräftiges Reiben am unteren Ende des Thermometers die Quecksilberskala ein wenig in die Höhe. Dann brachte uns Mutter Brote mit Butter und Konfitüre in mundgerecht geschnittenen Stückchen ans Bett und setzte sich eine Weile zu uns.

Mit Essigsöckchen versuchte sie das Fieber zu senken. Bei Erkältungen mit Schluckbeschwerden mussten wir gurgeln. Und wenn das nicht half, kamen die verhassten Halswickel zur Anwendung: Auf ein Baumwolltuch strich Mutter die graue, unangenehm riechende Antiphlogistine Paste, klatschte den heissen Wickel auf unseren Hals und befestigte ihn mit einem alten Wollschal. Ein Teil davon quoll regelmässig unter dem Tuch hervor und klebte nach dem Erkalten wie Zement an unserem Haaransatz.

Als die Halsschmerzen immer häufiger auftraten, empfahl der Arzt, die Mandeln zu entfernen. Er mache das ambulant.

In seiner Praxis stülpte er mir ein fürchterlich stinkendes Ätherhäubchen über den Kopf. «Es dauert nicht lang!», hörte ich ihn sagen und schon begann sich vor meinem inneren Auge alles zu drehen. Farbige Autos rasten in höllischem Tempo hintereinander her. Dann wurde alles schwarz, und als ich die Augen wieder öffnete, waren die Mandeln weg. Danach kam meine Schwester Marianne an die Reihe.

Zuhause lagen wir stöhnend nebeneinander im Bett. Der Hals schmerzte, aber jeden Tag durften wir Eis schlecken.

Für die Verletzungen war Vater zuständig. Wie viele geschundene Knie und Ellbogen hat er wohl verarztet? Wie viel blutstillende Watte gebraucht? Als das Blut einmal unaufhörlich aus meiner Stirn floss, benötigte er fast eine ganze Packung. Das anschliessende Desinfizieren mit Jod brannte höllisch. «Jetzt ist aber Schluss mit Blinde Kuh spielen!», sagte er mit strenger Stimme.

Ein schwarzes Tuch straff um die Augen gebunden und beide Arme nach vorn ausgestreckt, spazierten wir durch die Wohnung auf der Suche nach anderen Kindern, die durch Abtasten von Haaren, Nase, Ohren, Mund und Körper identifiziert wurden. Dieses Spiel gefiel mir so sehr, dass ich immer öfter versuchte, auch draussen mit geschlossenen Augen umherzugehen. Mit der Zeit machte ich es mir zur Gewohnheit, nach dem Einbiegen in die Lenzgasse die Augen zu schliessen. Dann zählte ich die Schritte bis zu unserem Haus. Sobald ich die metallene Falle unseres Gartentors in der Hand hielt und das Knirschen der Kieselsteine unter meinen Füssen hörte, wusste ich, dass ich mich am richtigen Ort befand. Nach dem Eintreten in den Garten, betastete ich die buschigen Iberis am Beetrand. Die zarten Blüten der Frauenmäntelchen und Hortensien gleich daneben, fühlten sich mit geschlossenen

Augen viel weicher an. Auch der harzige Duft der Tannen roch intensiver. Mit der linken Hand befühlte ich den Abrieb der Mauer und tastete mich langsam bis zur Haustür vor. Dann drückte ich auf die Klingel.

Mit jedem Tag fühlte ich mich sicherer, meine Schritte wurden rascher und trittfester. Längst kannte ich den Abstand zwischen Garten- und Haustür und orientierte mich nicht mehr an der Hausmauer. Die Augen öffnete ich erst wieder, wenn sich nach dem Läuten die Tür öffnete. Manchmal stieg ich noch mit geschlossenen Augen die Treppe zum ersten Stock hoch.

Aber eines Tages machte ich einen Schritt zu viel und prallte mit voller Wucht gegen eine spitze Metallverzierung an der Haustür, die ein tiefes Loch in meine Stirn bohrte.

Damals rannte man nicht wegen jeder Kleinigkeit zum Arzt, deshalb hatte jeder Haushalt einen gut bestückten Apothekerschrank – Nadel und Faden gehörten allerdings nicht zum Inventar. Das ist auch der Grund, weshalb die Narbe noch heute sichtbar ist. Mitten auf meiner Stirn.

Das Badezimmer war von jeher zu klein, und der Gasboiler gab nicht genügend warmes Wasser her für uns alle. Eine volle Badewanne war das höchste der Gefühle, sie musste reichen für uns drei. Jeden Samstag hat uns Mutter in die Wanne gesteckt und mit einem Lappen Rücken und Füsse geschrubbt. Dabei konnte ich sehen, wie sich immer mehr Seifenschaum im Wasser bildete. Wenn ich als Letzte an die Reihe kam, war die ganze Oberfläche mit grauen Wölkchen bedeckt.

Das Anzünden des Boilers gelang nicht immer auf Anhieb, oft waren mehrere Versuche nötig. Wir erschraken jedes Mal, wenn mit lautem Zischen die Stichflammen austraten. Ziemlich lang hat es gedauert, bis nach dem Bad wieder genügend warmes Wasser für die Haarwäsche vorhanden war. Für diese Prozedur legte meine Mutter ein Brett über die Wanne. Da wir inzwischen wieder angezogen waren, stülpte sie uns die Regenpelerinen über, damit die Kleider trocken blieben. Wie drei Zwerge standen wir in unseren roten Kapuzenmäntelchen bereit und warteten, bis uns Mutter aufs Brett setzte. Dann griff sie zur Flasche mit dem Shampoo und achtete darauf, dass uns während des Einschäumens kein Tropfen in die Augen floss.

DAS LUFTSCHLOSS

Beim Räumen einer Schublade in einem Schrank im Vestibül, fällt mir ein Bündel vergilbter Notenblätter in die Hände. *Imitation einer Mandolinenserenade* steht auf dem obersten Blatt: Komposition Frieda Andrist.

Frieda hiess die Grossmutter von Menziken, wo Vater aufgewachsen war. Im Gegensatz zu unserer Basler Grossmutter trug sie ihre krausen Haare, die wild vom Kopf abstanden, stets offen. Persönlich habe ich sie leider nicht gekannt, da sie kurz vor meiner Geburt gestorben war. Trotzdem fühle ich mich sehr mit ihr verbunden. Vielleicht weil sie Musik und Kinder über alles liebte – und weil sie am selben Tag wie ich Geburtstag hatte.

Ein besonderes Anliegen war ihr stets die Betreuung von Kindern, die tagsüber sich alleine überlassen waren. Für solche Kinder eröffnete sie eine Tagesstätte in ihrem eigenen Haus.

Grossvater Hermann hatte einen langen weissen Bart. Meistens trug er einen dunklen Anzug und ein frischgestärktes, weisses Hemd. Auf dem Gilet glänzte die goldene Kette seiner Taschenuhr.

Als junger Architekt führten ihn verschiedene Studienreisen nach Deutschland, Frankreich und Italien, bevor er in Langenthal seine künftige Gattin Frieda kennenlernte. Vermutlich ist er dem Charme der Pianistin im *Café zur Post* erlegen, die sich, als Tochter der Inhaber, manchmal spontan ans Klavier setzte und die Gäste mit ihrem Spiel erfreute.

Bald zogen sie zusammen nach Menziken, gründeten dort eine Familie – und Hermann ein eigenes Baugeschäft.

Frieda war eine begeisterte Musikerin. Und für die damalige Zeit eine erstaunlich emanzipierte Frau. Sie unterrichtete Klavier und Rhythmik – und sie komponierte Märsche für die Militärmusik!

Auf der Titelseite eines Notenblatts ist ein Hüne in kniender Position vor Tannenbäumen und spitzen Bergen abgebildet. In der Hand hält er eine Armbrust. *Mit dem Pfeil dem Bogen* steht darunter: Für das Eidgenössische Schützenfest Aarau 1924.

Turner Marsch steht auf einem leicht angerissenen Blatt: Der Feststadt Aarau zum 100-jährigen Jubiläum 1832-1932 gewidmet. Vier Turner sind darauf zu sehen. Der vorderste trägt ein grosses Füllhorn auf den Schultern, aus dessen Öffnung ein Blumenstrauss ragt. Der Mann hinter ihm hält eine lange Fahnenstange mit dem Banner des Vereins in der Hand. Und das Haupt eines weiteren Turners ist mit einem Lorbeerkranz geschmückt. In knielangen Hosen und eng anliegenden Leibchen stehen sie bereit für den Jubiläumsumzug. Ich stelle mir vor, wie die Männer mit strammen Waden und stolzer Brust, begleitet von Blasmusik und wehenden Fahnen, durch die Strassen von Aarau ziehen, während ihnen Frauen und Kinder am Strassenrand fröhlich lachend zuwinken.

Menziken

Grossvater zu Besuch in Basel

Gruss aus dem Wynenthal heisst ein weiterer Marsch von Frieda. Dieser Titel erinnert mich an einen Besuch bei meinen Verwandten in Menziken. Meine beiden Cousins erzählten mir damals von einem Schloss, dessen Besitzer einst einer unserer Vorfahren gewesen sei. Ich war höchst erstaunt, denn nie zuvor hatte ich etwas von diesem Schloss gehört. «Kann ich es einmal besichtigen?», fragte ich gespannt. «Das geht leider nicht», sagten sie, «das Schloss ist in Privatbesitz!»

Sie rieten mir aber, während der Rückfahrt mit der *Wynentalbahn*, aus dem Fenster zu schauen. Auf einer Anhöhe könne ich das *Schloss Trostburg* sehen.

Gebannt blickte ich während der Fahrt aus dem Fenster. Meine Cousins hatten von einem Rittersaal gesprochen, bei dessen kostspieliger Renovation unser Vorfahre Konkurs gemacht habe. Ob sich dort noch viele Ritterrüstungen befinden? Ich malte mir das Schloss in den schönsten Farben aus: Eine prächtige, von Kandelabern mit brennenden Kerzen beleuchtete Eingangshalle, die zu einem prunkvollen Saal mit golden gerahmten Wandspiegeln und riesigen Kronleuchtern führt, wo festlich gekleidete Leute an einem langen gedeckten Tisch sitzen. In der Hand halten sie Kelche mit schäumendem Wein …

Als die *Wynentalbahn* in den Bahnhof von Aarau einfuhr, musste ich enttäuscht feststellen, dass ich während der ganzen Fahrt kein Schloss gesehen hatte.

Vor ein paar Jahren entdeckte ich auf dem Titelblatt einer Zeitschrift ein wunderschönes Schloss. Zu meiner Verwunderung stand in grossen Lettern darüber:
LIEBEGG UND TROSTBURG!
Ich traute meinen Augen kaum. Von beiden vollständig renovierten Schlössern, verbunden durch einen romantischen Waldweg, ist ein prächtiger Bildband erschienen. Noch schöner als in meinen Träumen präsentieren sich die Räume im *Schloss Trostburg*. Und die ausführliche Geschichte ist genau so spannend wie die Bilder. Auch unserem illustren Vorfahren sind ein paar Seiten gewidmet.

Seit ich das Buch gelesen habe, weiss ich: Die *Trostburg* ist kein Luftschloss – und immer noch in Privatbesitz.

Die Trostburg

DER LETZTE SCHNEIDER

Die Wetterfrösche haben für heute erneut einen Hitzetag angekündigt. In den Gärten beginnen sich die Rasen bräunlich zu färben und manch durstige Blume lässt ihren müden Kopf hängen.

Da ich dringend eine neue Sommerhose benötige, entschliesse ich mich, trotzdem in die Stadt zu gehen. Am besten gleich frühmorgens, solange die Luft noch einigermassen erträglich ist und sich noch nicht allzu viele Leute an den Wühltischen mit den Sonderangeboten zu schaffen machen. Das Weiterräumen an der Lenzgasse verschiebe ich auf den Nachmittag.

Beim Modehaus *Voegele* am Barfüsserplatz werde ich rasch fündig. Die Hose sitzt beinahe perfekt; nur ein paar Zentimeter ist sie zu lang. Ob ich sie hier im Haus kürzen lassen kann? «Kein Problem», sagt die Verkäuferin und erklärt mir, wo sich das Atelier befindet. Während ich mit dem Lift in den dritten Stock hochfahre, muss ich an Grossmutters Nähstube denken: an ihre Stoffe, ihre Knöpfe und Fadenspulen in allen möglichen Farben und Grössen. An ihre alte Tretmaschine und die endlos langen Anproben.

Das Schneideratelier von *Voegele* sieht auf den ersten Blick einem Grossraumbüro ähnlich. Doch an Stelle von Computern, stehen hier lauter Nähmaschinen. Eine grosse Anzahl einsamer, verlassener Nähmaschinen steht wie eine Herde schlafender Schäflein auf den Tischen. Der Raum ist menschenleer. Auf dem Tresen steht eine Glocke, wie an einer unbedienten Hotelrezeption. Auf mein Klingeln erscheint ein älterer Herr in gepflegter Kleidung. Verwundert frage ich ihn: «Was ist hier los? Kein Mensch sitzt an den Maschinen!» «Das war nicht immer so», sagt der Mann. «Es gab eine Zeit, in der bei der Firma *Kleider Frey* zahlreiche Angestellte in verschiedenen Produktionsstätten und Verkaufsfilialen beschäftigt waren, so wie zum Beispiel hier, bis die Konkurrenz international tätiger Filialketten zu gross wurde.» Mit trauriger Stimme fügt er hinzu: «Ich bin der letzte Schneider. In ein paar Wochen werde ich pensioniert, dann verschwinden hier sämtliche Maschinen. Das Atelier wird in Zukunft von *Voegele* als Lagerraum genutzt.» «Schade», sage ich nachdenklich. «Ich mag es, einem Schneider bei der Arbeit zuzusehen. In der Konfektionsabteilung bei *Manor* werfe ich gerne einen Blick hinter die grosse Scheibe, wo ein Schneider bei der Arbeit sitzt und Änderungen vornimmt.» «Ich kenne ihn», sagt er, «mein Kollege sitzt auch nicht mehr lange dort. Bei *Manor* wird jetzt umgebaut!»

EIN LIEBHABEROBJEKT

Ein Makler will sich jetzt um den Hausverkauf kümmern. Wir vereinbaren einen Termin. Wie gewohnt treffe ich mich mit meiner Schwester Marianne vor Ort.

«Das Haus hat Charme», sagt Herr Huber* anerkennend und begrüsst uns mit einem kräftigen Händedruck. «Zudem ist die Liegenschaft zentral gelegen, solche Objekte sind heutzutage gesucht!»

Die Besichtigung beginnt er unten im Keller. Herr Huber geht in jedes Abteil hinein, klopft an die Wände, prüft den Zustand von Decken und Böden. Die Waschküche, die wir vom Hof aus betreten, hat es ihm besonders angetan. Dieser Raum diente unserem Vater auch als Werkstatt. Indem er ein Brett über die grossen Tröge legte, konnte er dort kleine Reparaturen ausführen. Die Malarbeiten verrichtete er im Hof. Alle paar Jahre erhielten die Rahmen der Vorfenster einen neuen Anstrich. Im Frühling wurden sämtliche Vorfenster ausgehängt, auf den Estrich getragen und im Herbst, zum Schutz gegen die Kälte, wieder eingehängt.

*Name geändert

Gegenüber der grossen kupfernen Schwingmaschine hängt immer noch Vaters alter Werkzeugschrank, gefüllt mit Zangen, Hammer, Säge und einem ganzen Sammelsurium an Schrauben und rostigen Nägeln.

Wir steigen die knarrende Holztreppe hoch. Auch im Parterre, wo bis vor Kurzem Tante Ruth wohnte, werden die Räume genauestens inspiziert. Dann gehen wir weiter und beantworten bereitwillig sämtliche Fragen. Marianne, die viele Jahre mit ihrer Familie hier gewohnt hat, weiss über jedes Detail Bescheid. Herr Huber macht Notizen und fotografiert sämtliche Räume, vom Keller bis unters Dach. «Es wird nicht schwer sein, einen Käufer zu finden», ist er überzeugt und verspricht, bald eine Offerte zu schicken. Weshalb jedoch keine Offerte eintrifft, werden wir vermutlich nie erfahren.

Aber kurz danach kommt ein überraschender Anruf. Der Mann mit dem Velo, dem ich damals beim Verteilen der Briefe in der Lenzgasse begegnet bin, ist am Apparat. Er kenne jemanden, der sich für unser Haus interessiert, teilt er uns mit. Ich notiere die Telefonnummer und rufe gleich an.

«Das Haus gefällt mir», sagt eine sympathische Männerstimme am anderen Ende, «ich habe es von aussen gesehen und bin an einem Kauf sehr interessiert.»

Schon bei der ersten Begegnung wird klar, dass wir keinen Makler mehr benötigen: Es war Liebe auf den ersten Blick!

Haus Lenzgasse

BUNTER DRACHENHIMMEL

Nun rückt der Abschied näher. Doch vorher gibt es noch einiges zu erledigen. Die Bücherkisten auf dem Estrich müssen weggeräumt werden, und eine grosse Schachtel, vollgestopft mit Ramsch, steht noch im Keller. Auch das Pult mit dem Büromaterial in der Mansarde muss geräumt werden. Und von den Fasnachtskostümen im Mottenschrank sollten wir uns endlich trennen.

Herrlich war jeweils die Stimmung am Fasnachtsdienstagnachmittag, wenn wir mit unseren Kindern, alle als Harlekine verkleidet, in Richtung Zentrum losmarschierten. Zufrieden sassen die Jüngsten im Kinderwagen und hielten prallvolle Tüten mit farbigen «Räppli» in der Hand, mit denen sie später mit grösstem Vergnügen die Leute bewarfen und anschliessend grosszügig ihre «Täfeli» verteilten. Ab und zu steckten sie sich selber eines in den Mund. Stundenlang spazierten wir durch die Strassen und engen Gassen, inmitten von Trommel- und Piccoloklängen. Müde, aber glücklich traten wir am Abend den Heimweg an, und noch bevor wir zu Hause ankamen, waren die Kleinen im Wagen oder auf unseren Armen eingeschlafen. Viele Jahre sind seither vergangen, doch bevor wir die Kostüme weggeben, möchte ich sie noch einmal anschauen.

Mit dem Auto fahre ich den Wasgenring hinunter. Dichter Verkehr herrscht auf der Strasse. Ein Lastwagen vor mir bremst brüsk ab und wechselt die Spur, danach gerät der Verkehr ins Stocken. Im Schritttempo geht's weiter, vorbei am Altersheim *Casa Vita*. Hinter den verglasten Balkonen erblicke ich einen Rollator und lauter einsame Tische und Stühle. Einziger Lichtblick ist das gelbe Blumenmuster auf einem Tischtuch. Über den Dächern des Quartiers steigt der Rauch der Kehrichtverbrennungsanlage empor. Trostlos kommt es mir hier plötzlich vor. Auch weiter unten, vor dem Kreisel, lauter Autos und graue, schmucklose Häuser, wo wir früher doch unsere Drachen steigen liessen.

Eines Tages fuhren dort die Bagger auf und huben die Erde der Felder aus. Der Bauernhof verschwand. Ein Haus nach dem andern wuchs in die Höhe und es entstand eine neue Strasse, die nach dem Politiker und Ehrendoktor der Universität Basel, Gustav Wenk, benannt worden ist. Danach flogen dort keine Drachen mehr.

Wenn im Herbst die Blätter von den Bäumen fielen, übermütig auf dem Asphalt herumwirbelten und einen dichten, farbenprächtigen Teppich bildeten, bastelten wir jeweils an einem Sonntagnachmittag unter Vaters Anleitung Drachen. Leuchtend rotes, gelbes oder orangefarbenes Pergaminpapier schnitten wir zu und klebten es sorgfältig an das Holzgerüst. Von den restlichen Schnipseln, die wir an eine Schnur knüpften, entstand der lange bunte Drachenschwanz. Sobald ein günstiger Wind aufkam, machten wir uns auf den Weg. Stolz trugen wir unsere Drachen in der Hand.

Auf dem Feld hielt sie Vater in die Höhe. Wir rannten los, so rasch uns die Beine trugen, den Kopf nach hinten, in die Höhe gerichtet, und die Spule mit der Schnur fest in der Hand. Oft stürzte der Drache beim ersten Versuch wieder zu Boden, aber wir versuchten es immer wieder aufs Neue, bis er genügend Aufwind bekam und endlich oben in der Schwebe blieb.

Dann rannten wir weiter, das Rascheln in den Ohren, während sich die Spule in unserer Hand immer schneller drehte und der Drache höher und höher stieg, hinauf zu den vielen anderen, die hoch oben im Himmel flatterten und deren Schwänze wie ein Schwarm bunter Schmetterlinge hinterherflogen.

EINE ÜBERRASCHUNG

Ein heller Tag ist angebrochen. Eben habe ich meinen Kaffee ausgetrunken und einen Blick in die Zeitung geworfen, als jemand an der Haustür klingelt. Wer mag das sein um diese Zeit? Einen Moment zögere ich, bevor ich die Tür öffne. Die Überraschung könnte nicht grösser sein: Vor der Haustür steht meine Mutter!

Hübsch sieht sie aus in ihrem blau-weiss gemusterten Sommerkleid und dem frisch frisierten Lockenkopf. Und jung erscheint sie mir an diesem Morgen. Voller Kraft und Elan. Wie sie so vor mir steht, in gerader Haltung, scheint sie auch grösser als sonst.

«Warst du beim Friseur?», frage ich und begrüsse sie mit einem Kuss auf ihre rosige Wange. Sie nickt und tritt ein. Erst jetzt bemerke ich den grossen geflochtenen Korb an ihrem Arm, gefüllt mit Lebensmitteln. Staunend blicke ich ihr nach, wie sie beschwingten Schrittes – als wäre der Korb federleicht – durch den Gang schreitet und hinter der Küchentür verschwindet.

Ich reibe meine Augen und stelle verwundert fest, dass ich noch im Bett liege ... Eine Weile bleibe ich so, ohne mich zu rühren und versuche, mir die Bilder einzuprägen, bevor ich in die Realität zurückkehre.

ABSCHIED

In der Stube steht jetzt nur noch der Esstisch. Voll mit Requisiten. Auch Mutters Schmuck ist auf einem Tablett ausgebreitet. Jede von uns darf sich etwas aussuchen. Den Wappenring und die goldenen Manschettenknöpfe hatte Vater per Testament unserem Bruder vermacht.

Beim Anblick der Schmuckstücke sehe ich Mutter nochmals vor mir, wie sie damals im Schlafzimmer in gebückter Haltung vor dem grossen Spiegel mit dem breiten Holzrahmen stand. Klein und fragil kam sie mir an jenem Tag vor. Haben ihr die Altersgebrechen so sehr zugesetzt? Oder fühlte sie sich einsam, seit Vater nicht mehr da war? Ihr Elan und ihre Fröhlichkeit – ist von all dem nichts mehr übrig geblieben? «Man sollte halt nicht so alt werden», hat sie ein paar Mal gesagt.

Das rote Samttuch auf der Kommode diente als Unterlage für ihr Schmuckkästchen, das sie damals öffnete und ihren Schmuck eingehend betrachtete. Ein Stück ums andere nahm sie in die Hand. Den Goldring mit dem rechteckigen Zitrin, der schon früher immer auf die Seite kippte, wenn sie ihn trug, schob sie über ihren mageren Finger und die Perlenkette mit dem sternförmigen Weissgoldschloss liess sie über ihre alten, adrigen Hände gleiten.

Mit nachdenklichen Augen blickte sie mich an. «Such dir etwas aus!», schlug sie vor, «ich brauch das ja nicht mehr.» Als ob sie gespürt hätte, dass ihre Kräfte langsam zu Ende gingen.

«Das möchte ich nicht», sagte ich und schluckte ein paar Tränen hinunter. «Der Schmuck hat dir doch so viel Freude bereitet – besonders die Perlenkette hast du immer gerne getragen!»

Langsam schloss sie den Deckel der Schatulle. Dann öffnete sie die Kommodenschublade und wir packten die nötige Wäsche für den Aufenthalt im Claraspital ein.

Diese Erinnerung ist noch sehr lebendig, daher fällt es mir jetzt nicht leicht, etwas auszuwählen. Am Ende entscheide ich mich für die Perlenkette. Eine silberne Pillendose mit einem sternförmigen Muster auf dem Deckel landet ebenfalls in meiner Tasche. Und eine mit Kirschblüten bemalte Blechdose, in der Mutter stets ein paar Süssigkeiten aufbewahrte. Für den Keramikhasen scheint sich niemand zu interessieren. Eigentlich ist es eine Hasenfrau mit einem hellgrün bemalten Kleid; aus der rechten Pfote ragt ein langer gebogener Metallstab, an dessen Ende eine weisse Margerite baumelt. Aus Mitleid packe ich die Hasenfrau ein. Sie wird in Zukunft während der Osterzeit bei mir anzutreffen sein.

Ein paar Bilder und ein Album liegen jetzt noch auf dem Tisch. Ich wähle die gerahmte Fotografie der vier Schneiderinnen. Und das Album mit der Aufschrift: *Unser Kind*.

Ein paar Tage später herrscht reger Betrieb bei uns an der Lenzgasse. Gartenbänke werden in den ersten Stock getragen und in der Stube entlang den Wänden aufgestellt. Mit einem Brett und zwei Holzböcken wird ein Tisch improvisiert und eifrig nach weiteren Abstellflächen gesucht.

Bis zum Abend sind alle da: Geschwister, Schwäger, Nichten, Neffen und die jüngste Generation Enkelkinder sitzen dicht nebeneinander, wie damals während der Weihnachtsfeste. Aber heute steht kein Tannenbaum da. Das weisse Tischtuch, die frisch gebügelten Stoffservietten, das Tafelservice mit dem Goldrand sowie die Kristallgläser fehlen – und natürlich auch das Silberbesteck.

Adieu Lenzgasse steht auf einem grossen Laib Brot, von dem sich jetzt jedes von uns ein Stück abschneidet. Mit einem Glas in der Hand wird lebhaft geplaudert und noch manche Episode erzählt. Eigenartig hohl klingt es beim Anstossen der Gläser und unsere Wörter prallen an den leeren Wänden ab. Mir scheint, irgendwo in der Luft würden sie hängen bleiben.

Inzwischen ist es spät geworden. Nach und nach leert sich das Haus. Wir löschen das Licht und gehen hinaus in die kalte, klare Winternacht. Im Mondlicht stehen die dunklen Tannen wie Wächter vor dem Haus. Und in der Stille höre ich beim Verlassen des Gartens das Knirschen der Kieselsteine unter meinen Sohlen.

NACHWORT

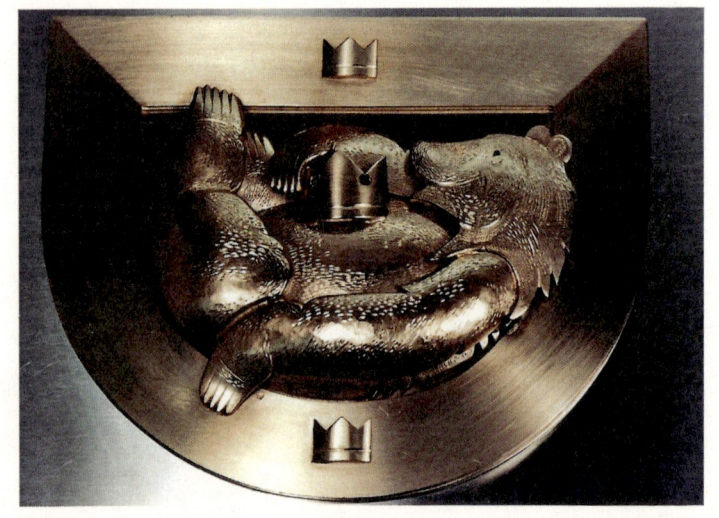

Goldschmiedearbeit von Kurt Degen

GOLDSCHMIED- UND SCHNEIDERBERUF IM WANDEL

«E.E. Zunft zu Hausgenossen» heisst die Zunft der Basler Goldschmiede. Sie befindet sich im Haus «zum grauen Bären» an der Freien Strasse 34. Ein wunderschöner goldener Bär ziert den Türgriff des Hauseingangs. Die ausgestellten Schmuckstücke vor dem Eingang deuten auf die Ateliers der Goldschmiede im obersten Stockwerk hin – über der Tanzschule Fromm.

Eine schwarze Schlange mit rubinroten Augen blickt den Passanten aus dem Schaufenster entgegen, ein Schlangenbaby klammert sich an ihren Leib. Das raffinierte Schmuckstück aus Vitryl ist mit kostbaren Materialien kombiniert. Auch Leder, Gummi und Plastik werden heute mit Gold, Silber, Schmuck- und Edelsteinen zu spannenden Kreationen verarbeitet. Palladium, das Material mit dem edlen Grauton, eignet sich bestens für modernen Schmuck und hat den Vorteil, dass es nicht, wie das Weissgold, rhodiniert werden muss.

Hausgenossen hiessen früher die Wechsler und Münzer. Die damaligen «Bankiers» bildeten bereits im 13. Jahrhundert eine kleine Gesellschaft mit genau umschriebenen Rechten und Pflichten im Geldwechsel, Silberhandel, im Umgang mit Silberwaage und -gewicht. In jener Zeit gehörten die Goldschmiede noch nicht zu dieser Gesellschaft. Ihnen wurde 1289 der Besitz von Silberwaage und -gewicht sowie der Silberhandel nur im Umfang ihres beruflichen Bedarfs gestattet.

Den Basler Zünften oblag die Organisation des Wachdienstes entlang der Stadtmauer. Damit die Hausgenossen, die damals nicht sehr zahlreich waren, dieser Pflicht nachkommen konnten, teilte ihnen der Rat 1398 Goldschmiede, Kannen- und Hafengiesser als Zunftmitglieder zu. Später gehörten dann auch Juweliere sowie Kannen- Hafen-, Glocken-, Büchsen-, Buchstabengiesser und Gelehrte zur Hausgenossenzunft.

Heute haben die Zünfte keine gewerbepolizeilichen, vormundschaftlichen oder politischen Aufgaben mehr. Die Pflege der Geselligkeit, die Verwaltung des überlieferten Gutes sowie das Engagement für gemeinnützige Organisationen sind jetzt wichtige Aspekte im Zunftleben.

Vor ein paar Jahrzehnten noch verfügten die meisten Juweliergeschäfte über eigene Ateliers, in denen Goldschmiedlehrlinge und -lehrtöchter ausgebildet wurden. Theoretische Fächer, wie Zeichnen, Materialkunde und Geschichte der Goldschmiedekunst, wurden an der Gewerbeschule, der heutigen Schule für Gestaltung, unterrichtet.

Früher wurden in den Goldschmiedeateliers viele Einzelanfertigungen in Auftrag gegeben. Persönliche Schmuckstücke bereiteten ein Leben lang Freude. Mit Stolz wurden sie an festlichen Anlässen zur entsprechenden Garderobe getragen. Doch die Zeiten haben sich geändert. Anstelle festlicher Kleidung wird heute oft «Casual» getragen – und entsprechend weniger kostbarer Schmuck.

Diesen Wandel bekommen die Ateliers deutlich zu spüren. In manchen Juweliergeschäften, in denen früher mehrere Goldschmiede beschäftigt waren, sitzt heute nur noch einer an der Werkbank! Für Jugendliche, die diesen kreativen Beruf erlernen möchten, ist es daher sehr schwierig, eine Lehrstelle zu finden. Entsprechend ist auch die Teilnehmerzahl der Lernenden an der Schule für Gestaltung zurückgegangen.

Wie in vielen anderen Bereichen, hat die Konkurrenz in der Schmuckbranche nicht geschlafen. Und das Konsumverhalten der Menschen hat sich geändert. Kaufhäuser bieten eine breite Palette an Schmuck an, der in fabrikähnlichen Werkstätten im Ausland hergestellt wird – bei guter Qualität jedoch kaum günstiger ist als in der Bijouterie.

Zudem hat der Fantasieschmuck Einzug gehalten. In einigen Modehäusern ziert er bereits ganze Wände. Auch bringen Ferienreisende oft Perlen, Goldschmuck und Edelsteine aus fernen Ländern mit nach Hause. Der vermeintlich kostbare Schmuck entpuppt sich allerdings häufig als minderwertig – manchmal sogar als Imitation.

Neue, innovative Ideen sind jetzt gefragt!

Nach der Ausstellung «Halsfrei», an der Basler Mustermesse 2011, lanciert die Gruppe Kunst-Hand-Werk im Jahr 2013 eine Schmuck–Mode–Performance.

Das ist der Moment für den grossen Auftritt der schwarzen Schlange. Mitsamt ihrem Baby schleicht sie sich davon und macht sich auf den Weg zum Gundeldingerfeld. Eng um das Haupt einer Tänzerin geschlungen, tritt sie an der Performance «Hauptsache» in Erscheinung. Mit ihren rubinroten Augen – und der gespaltenen Zunge – blickt sie gefährlich auf das staunende Publikum hinunter. Tänzerinnen und Tänzer, in schlichter, eleganter Kleidung mit skulpturenartigem Kopfschmuck, präsentieren sich den begeisterten Zuschauerinnen und Zuschauern im vollbesetzten Saal der Eventhalle «Sichtbar».

16 Goldschmiedinnen und Goldschmiede haben den exklusiven Kopfschmuck kreiert.

Nach dieser spektakulären Show darf man gespannt sein auf weitere Projekte der Gruppe Kunst–Hand–Werk in Basel.

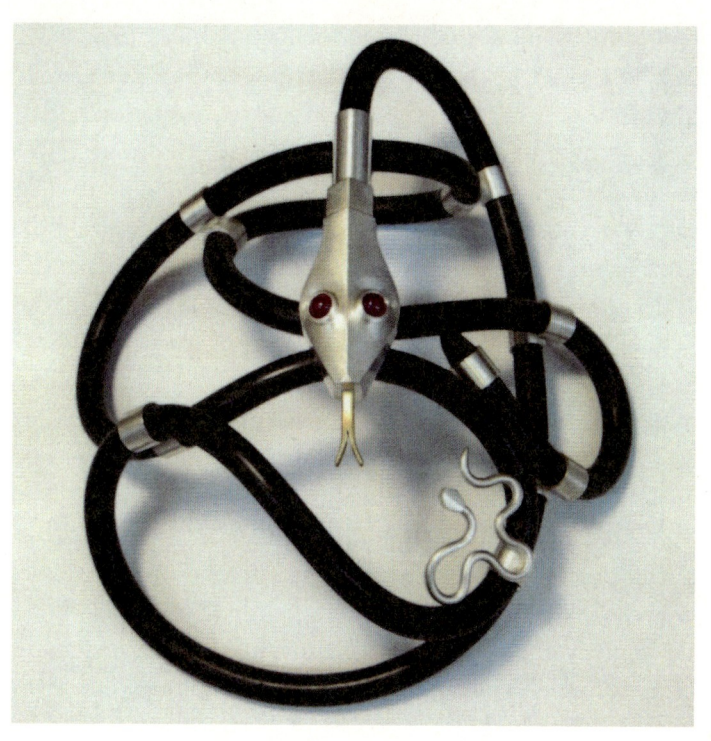

Goldschmiedearbeit von Alex Degen

Das Zunftlokal der Schneider befand sich einst im Obergeschoss einer zweistöckigen Liegenschaft an der Gerbergasse 36.

1874 musste das Gebäude einer Strassenkorrektur weichen. Danach war ihr Zunftlokal während einiger Zeit im «Mueshus» – ehemals Städtisches Lagerhaus für Hülsenfrüchte – an der Spalenvorstadt 14, wo sich heute die Galerie «Graf & Schelble» befindet. Später erhielt die Schneiderzunft ein ehrwürdiges Domizil im Intarsiensaal des Restaurant Löwenzorn am Gemsberg, wo sie bis heute ihre Anlässe durchführt.

Die der Zunft zugehörigen Schneider waren früher fast ausschliesslich Kundenschneider.

Wollten sie ihre Erzeugnisse auf dem Markt feilhalten, mussten sie zusätzlich das Zunftrecht zum Schlüssel oder zu Safran erwerben. Das alleinige Recht, klerikale Gewänder, Kappen und Fahnen herzustellen, bedeutete eine wichtige Einnahmequelle, die die Reformation zum Versiegen brachte.

Der Arbeitstag in den Werkstätten war damals sehr lang. Laut der Verordnung von 1466 dauerte er für Schneidergesellen im Sommer von 5 Uhr morgens bis 21 Uhr. Im Winter von 7 bis 22 Uhr. Der Lohn war hingegen so gering, dass ein Geselle damit keine Familie ernähren konnte. Verheiratete Gesellen wurden daher von den Meistern nicht geduldet.

Für die Frauen war damals Heimarbeit üblich. Ihr Fachwissen wurde in den Familien von Generation zu Generation weitergegeben.

Bis vor wenigen Jahren waren die Zünfte eine Männerdomäne. Seit 2002 werden in der Schneiderzunft auch Frauen aufgenommen, die den Schneiderinnenberuf oder einen berufsverwandten Beruf erlernt haben. Als erste Basler Zunft hatte sie diesen Schritt gewagt, der von einer grossen Mehrheit der Mitglieder befürwortet wurde. Inzwischen sind ein paar weitere Zünfte dieser Idee gefolgt.

Im Neujahrsblatt 2012 der GGG (Gesellschaft für das Gute und Gemeinnützige) berichtet Elfriede Belleville Wiss über eine unentgeltliche Nähschule für arme Mägdlein von neun bis zwölf Jahren, die 1779 eröffnet worden war.

Auf Empfehlung der Pfarrherren wurden je drei Mädchen der Kirchgemeinden Münster, St. Peter, St. Leonhard und St. Theodor in die Schule aufgenommen. Sie erlernten das Weissnähen und wurden im Lesen, Schreiben, Rechnen sowie in der christlichen Moral unterrichtet.

Ziel der Schule war, die Mädchen auf ihre Aufgabe als Dienstboten begüterter Mitmenschen vorzubereiten. Auch sollten sie rechtschaffene Ehegattinnen und Hausmütter solcher Familien werden, die ihren Unterhalt einzig und allein durch Handarbeit gewinnen müssen.

Von ähnlichen Gedanken waren die Gründerinnen des Katharina-Werks in Basel beseelt.

In einer 2013 zum Hundertjährigen Jubiläum des Katharina-Werks herausgegebenen Schrift, wird über ein «Rettungsheim für Zöglinge» berichtet, das den sogenannten «gefallenen Mädchen» und jungen Frauen aus schwierigen Lebensverhältnissen neue Perspektiven geben sollte. Dazu gehörten ein geregelter Alltag, verlässliche Beziehungen und eine solide berufliche Ausbildung. Drei Berufsausbildungen standen ihnen zur Auswahl: Wäscherin, Glätterin oder Schneiderin.

Glätterei an der Klybeckstrasse 62, um 1900
Maria Frieda Albienz (ganz links), Gründerin des «Rettungsheims» mit Lehrwerkstätten.

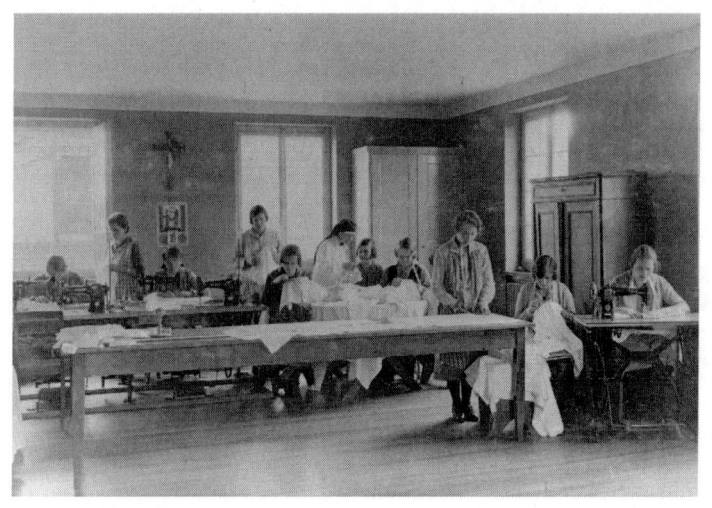

Lehrwerkstatt für Schneiderinnen

1879 gründete die GGG die Frauenarbeitsschule. Im Laufe der Zeit entstand dort ein breites Angebot an Nähkursen: Kleidermachen, Flicken, Verstechen und Stopfen, Weissticken, Buntsticken, Zeichnen und Wollfach. Die Fächer Kostümkunde und Modezeichnen kamen später dazu. Als einzige Institution der Schweiz bot die Frauenarbeitsschule einen höheren Fachkurs für Damenschneiderinnen an.

Die Absicht, eine eigene Lehrwerkstatt für Damenschneiderinnen zu gründen, die nebst dem theoretischen auch den praktischen Teil beinhaltet, stiess auf starken Widerstand seitens der Gewerkschaft und der zahlreichen privaten Schneiderateliers, die eine Konkurrenz befürchteten. Nach langjährigen Bemühungen konnte die umstrittene Lehrwerkstatt 1937 aber realisiert werden. Sie besteht heute noch unter dem Namen: Lehrwerkstatt für Bekleidungsgestalter/Innen.

Viele Schneiderinnen führten damals nach ihrer Ausbildung ein eigenes Atelier. Die meisten empfingen jedoch die Kundschaft in ihrer privaten Wohnung, wo häufig ein ganzes Arsenal an Stoffbahnen aufgetürmt war. Oft herrschte in diesen Stuben eine trockene Luft, gemischt mit dem Geruch von Nähmaschinenöl. Zahlreiche Stoffmuster in Pastelltönen, uni oder mit Blümchen, lagen zur Auswahl für die Frühlings- und Sommergarderobe bereit, dunkle Wollstoffe für die Herbst- und Winterkleidung, dazu die passenden Spitzen und Knöpfe.

Auf Wunsch gingen die Schneiderinnen auch auf die Stör. Während einiger Tage arbeiteten sie dann im Haus ihrer Kunden, wo sie, besonders bei den wohlhabenden Familien, eine neue Garderobe für die ganze Familie anfertigten. Gut erhaltene Kleider von Erwachsenen wurden aufgetrennt und für die Kindergarderobe wiederverwendet.

BASLER COUTURIERS

1937 eröffnete der erfolgreiche Modeschöpfer Fred Spillmann seinen Couture-Salon am Grossbasler Brückenkopf der Mittleren Brücke. Seine extravagante Erscheinung war stadtbekannt. Wenn der schlanke Mann mit der markanten Nase und der rotumrandeten Brille in seinem knöchellangen Breitschwanzpelz durchs Zentrum rauschte, wusste er vermutlich, dass ihm alle Leute nachblickten.

Eine Ausstellung im Historischen Museum Basel liess 2004 die exklusive, von Maître Fred entworfene Mode nochmals Revue passieren. Vieles gab es zu bewundern: neben dem klassischen Mantel und dem Deux-Pièce für den Tag, die traumhaft schönen, zum Teil sehr originellen Cocktail- und Ballkleider mit den entsprechenden Accessoires.

Auf dem weissen Abendkleid «Le temps des cerises» wirken die reifen Kirschen so einladend, dass man am liebsten gleich ein paar davon in den Mund stecken möchte. Und beim Anblick des Cocktailkleids «Le cendrier renversé», entsteht der Eindruck, jemand habe soeben einen vollen Aschenbecher über das Kleid geleert ...

Bis zu seinem Tod im Jahr 1986, präsentierte Fred Spillmann zweimal jährlich seine legendären Modeschauen.

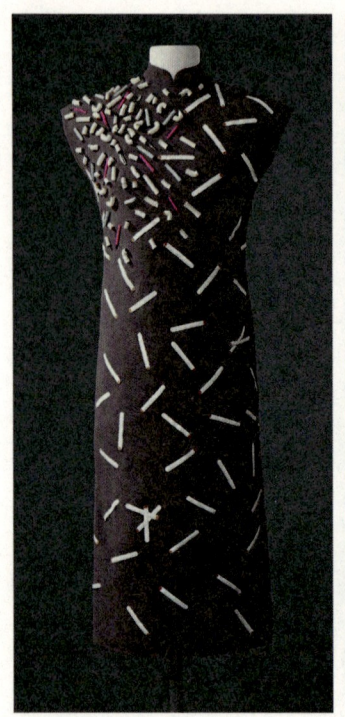 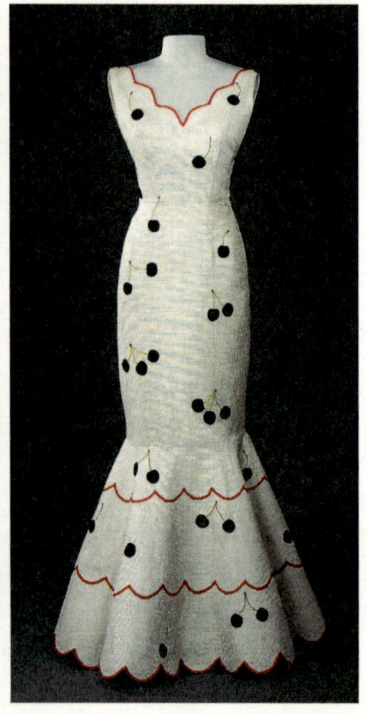

Fred Spillmann
Le cendrier renversé
HMB
Historisches Museum Basel,
Foto: P. Portner

Fred Spillmann
Le Temps des cerises
Privatbesitz
Foto: Historisches Museum Basel,
P. Portner

Schräg gegenüber, am Kleinbasler Brückenkopf – mit Blick auf Bettina Eichins Helvetia – befand sich ebenfalls ein Couture Atelier; dasjenige von Hanspeter Mehlhose. Auch er lud regelmässig zu exklusiven Modeschauen ein. Sein Metier hatte er bei Fred Spillmann gelernt.

Kostbare Stoffe «à la minute» an Models zu fantastischen Kreationen zu drapieren, bedarf einer besonderen Fingerfertigkeit. Und die beherrschte Hanspeter Mehlhose bestens.

Wunderbare Stoffe von Dior, Givenchy, Valentino, Ungaro und Saint Laurin zogen an den staunenden Zuschauerinnen und Zuschauern vorbei – jedes Modell eine Augenweide!

Raphael Blechschmidt heisst der Basler Couturier, der heute eine anspruchsvolle Kundschaft mit edlem Tuch einkleidet. Als Initiator und Organisator des Modeforums an der Mustermesse Basel, hat er in den Jahren 1996 bis 1999 mit Modeschauen auf sein Schaffen aufmerksam gemacht. Seit 2001 befindet sich sein Geschäftsdomizil an der Bäumleingasse. Zusammen mit seinem Team arbeitet er jeweils auf Hochtouren, bevor er seine neue Kollektion auf dem Laufsteg präsentiert.

Um in diesem Metier erfolgreich zu sein, ist – neben Kreativität und viel Idealismus – eine grosse Einsatzbereitschaft erforderlich. Besonders wichtig ist ein gutes Einfühlungsvermögen bei der Beratung der Kundinnen und Kunden.

GEMEINSAM STATT EINSAM

Das Angebot günstiger Konfektionskleider – meist unter prekären Verhältnissen in Asien produziert – wächst seit Jahren stetig. Immer weniger Leute lassen daher ihre Kleider auf Mass anfertigen, sodass sich viele Schneiderinnen und Schneider, trotz ihrer professionellen Ausbildung, vorwiegend mit Änderungen und Reparaturen zufrieden geben müssen. Diese Einkünfte reichen aber kaum, um die hohe Miete für ein eigenes Atelier zu bezahlen – geschweige denn eine Familie zu ernähren. Auch manche Goldschmiedinnen und Goldschmiede befinden sich in einer ähnlichen Situation. Ob das der Grund ist, weshalb ehemalige Männerberufe heute vorwiegend von Frauen ausgeübt werden? Sie arbeiten oft Teilzeit und haben noch ein zweites Standbein.

Mit einem gemeinsamen Atelier können Kosten für Miete und Infrastruktur geteilt werden. Und mit einer flexiblen Präsenzzeit besteht zudem die Möglichkeit, einer weiteren Tätigkeit nachzugehen. Für diesen Weg haben sich zwei junge Goldschmiedinnen im «Atelier Rosshof» entschieden. «Schmuck und Objekte» steht beim Eingang einer Bijouterie im Gerbergässlein, die ebenfalls von zwei Goldschmiedinnen geführt wird.

«Kostbares» ist der Name eines Schmuckgeschäfts an der Hebelstrasse. Dort teilt die Goldschmiedin ihre Atelierräume mit zwei Lingerie-Schneiderinnen. Wie befruchtend Zusammenarbeit sein kann, zeigt ein interessantes Detail im Schaufenster. Die feine Struktur der Goldblättchen an den Ohrsteckern stammt vom Abdruck einer Spitze aus der Lingerie.

Dass beim Gedankenaustausch am gemeinsamen Arbeitsort viele kreative Ideen entstehen, davon sind auch die Kunsthandwerkerinnen in der «Goldschmiede Arlesheim» überzeugt.

Seit einiger Zeit treffen sich Goldschmiedinnen und Goldschmiede an einem Stammtisch, wo Erfahrungen ausgetauscht und neue Ideen diskutiert werden. Unter anderem sind gemeinsame Ateliers ein Thema. Es wird sich zeigen, was aus diesem «Think-Tank» in nächster Zukunft entsteht.

Den Entschluss, gemeinsam etwas auf die Beine zu stellen, haben auch einige Bekleidungsgestalterinnen in Basel gefasst.

«Die Zwei» heisst das kürzlich eröffnete Couture Atelier am Andreasplatz. Neben Kleidern auf Mass, werden dort attraktive Secondhand-Handtaschen angeboten.

Ein paar Schritte weiter befindet sich ein weiteres Couture Atelier. Wohnen und Arbeiten: Für diese Variante hat sich eine Couturière im Pfeffergässlein entschieden. Das schmale, hohe Altstadthaus mit der steilen Treppe bietet, nebst dem Couture Atelier und dem privaten Wohnraum, auch Platz für das Grafik-Atelier ihres Ehemanns. Im obersten Stockwerk stehen lange Tische mit Nähmaschinen, an denen zurzeit zwei Praktikantinnen am Werk sind. Auch Lua, der Haushund, scheint sich dort oben unter einem Nähtisch ausgesprochen wohl zu fühlen.

Für den Verkauf von Stoffen haben sich zwei Schneiderinnen gleich nach der Lehre entschieden. Seit zwanzig Jahren beraten sie kompetent ihre Kundschaft. In ihrem neuen Geschäft am Spalenberg bieten sie ausgewählte Stoffe und eine grosse Auswahl an Schnittmustern an. Wie geschlossene Sonnenschirme in riesigen Schirmständern wirken auf den ersten Blick die aufgerollten Stoffbahnen im langgezogenen Verkaufsraum. Fadenspulen in sämtlichen Regenbogenfarben zieren die Wand. Daneben passende Reissverschlüsse. Ein grosses Sortiment qualitativ hochstehender Stoffe wartet bei «Esempio» auf eine nähfreudige Kundschaft.

Und wer zum Stoff noch die passenden Knöpfe sucht, findet sie gleich ein paar Häuser weiter: Im Knopfladen, an der Grünpfahlgasse, gibt es davon rund 8000 verschiedene Exemplare.

NACHWUCHSFÖRDERUNG

Der Verein «Swiss Couture» hat sich zum Ziel gesetzt, den Nachwuchs der Bekleidungsgestalterinnen und -gestalter zu fördern. Seit 2006 organisiert er Schweizerische Berufsmeisterschaften und delegiert die Siegerin, bzw. den Sieger, zusammen mit einer internationalen Fachexpertin, an die «World Skills Competitions». Mehr als 1000 junge, höchstens 22-jährige Berufsleute verschiedener Fachgebiete aus 67 Ländern, nehmen jeweils an diesem öffentlichen Wettbewerb teil.

Die Teilnahme an diesen Meisterschaften bedeutet für viele junge Berufsleute eine grosse Motivation.

QUELLEN

Archiv der Basler Zeitung/ Basler Nachrichten
Neujahrsblatt 2012 der GGG
Festschrift 100 Jahre Katharina-Werk
HMB – Historisches Museum Basel

Aus dem Internet:
www.hausgenossen.ch/Ulrich Barth
www.altbasel.ch/zunft/schneidern
www.raphaelblechschmitt.ch
www.wikipedia.org/wiki/Isaac_Merritt_Singer
www.beckenried.ch/de tourismus/sehenswürdigkeiten
www.trostburg.ch/r_akt.html

DANK

Für die interessanten und aufschlussreichen Gespräche möchte ich mich bei folgenden Personen bedanken:
Alex Degen: Goldschmied
Angela Zbinden, Christin Weber, Selina Brander, Ursula Sommer: Goldschmiedinnen
Rosita Notter, Iris Schor: Couturières
Hanspeter Mehlhose: Couturier
Annette Stähli: Präsidentin SMGV Schweizerischer Modegewerbeverband, Sektion Basel-Stadt.

Danken möchte ich auch meiner Schwester Marianne und Tante Margrit, die manche Erinnerung bestätigt oder ergänzt haben.

Ein besonders herzliches Dankeschön gilt meinem Mann Fiorenzo, der mich bei meinen ersten Schritten am Computer begleitet hat.

INHALT

Die Anzeige	7
Der graue Citroën	11
Lenzgasse	15
Der Hausschlüssel	17
Die Hiobsbotschaft	21
Bomben über Basel	25
Der Maskenball	29
Das Klassenfoto	33
Weisser Sonntag	37
Der Kannenfeld-Gottesacker	41
Sophie	45
Die Versuchung	49
Die Kohlenmänner	53
Das Mädchenschlafzimmer	55
Das Lügenbeinchen	59
Der Goldschmied	63
Die Schneiderin	67
Dunkle Wolken	71
Sommer am Vierwaldstättersee	75
Der kleine Vierbeiner	83
Familienzuwachs	87
Die Anprobe	93
Die Bauchbinde	99
Grossmutters Nähstube	103
Teenagerträume	105
Sprachaufenthalt	109

Besuch eines Vertreters	113
Der Regisseur	115
Berufswahlqual	119
Reiseleiterinnen	125
Eine Handvoll Sixpence	129
Die Züggín	139
O Tannenbaum	143
Die Blochmaschine	147
Der Apothekerschrank	149
Das Luftschloss	153
Der letzte Schneider	159
Ein Liebhaberobjekt	161
Bunter Drachenhimmel	165
Eine Überraschung	169
Abschied	171
Nachwort	175
Goldschmied- und Schneiderberuf im Wandel	177
Basler Couturiers	189
Gemeinsam statt einsam	193
Nachwuchsförderung	197
Quellen	199
Dank	201